新装分冊版

［実践版］
ヒマラヤ聖者への道

6

完全なる
調和と統合へ

ベアード・スポールディング著
成瀬雅春訳

ヒカルランド

完全なものが見える人
それがマスターなのです。

हिमशैलसिद्धानां जीविकोपदेश

アトランティス、レムリア、ムーの人々は、
人生の物質的な側面を何一つ見ず、知らずに、
人生のスピリチュアルな側面のみを生きていました。
これが、彼らが偉大なる達成をした理由です。

私たちは自分が望む場所にビジョンを投影するなら、
その瞬間に、そこにいられるのです。
テレポーテーションした肉体の波動は、
遥かに高レベルで、高次の周波数と一体になります。

カルマを手放した瞬間、
私たちはもはやカルマを持っていません。
自分がカルマを募らせているという思考や、
カルマを受容するがゆえに、
私たちはそれと取り組まなければならないのです。

हैमशैलसिद्धानां जीविकोपदेशाः

私たちは、
この文明が二度と漆黒へ戻らないレベルまで
引き上げるために、ここにいるのです。
私たちは、制約を完全に超えて上昇する運命です。

献辞

この『LIFE AND TEACHING OF THE MASTERS OF THE FAR EAST』
(『ヒマラヤ聖者への道』)シリーズの最終巻を、
亡き2人に感謝と愛情をこめて捧げます。

ベアード・トマス・スポールディング　1857〜1953
ダグラス・キンバル・デヴォース　1900〜1953
(ベアード・スポールディング氏のパートナー)

舩井幸雄と『ヒマラヤ聖者の生活探究』

生きる指針であり希望であったヒマラヤ聖者

『ヒマラヤ聖者の生活探究』を生涯愛し、日本の多くの人に本書を広められた舩井幸雄先生が、二〇一四年一月十九日にご逝去されました。享年八十一歳でした。

多くの方がご存知のように、舩井先生は亡くなられる前の七年半もの間、体調を悪くされ、様々な病気を患っておられました。

『ヒマラヤ聖者の生活探究』に出てくる大師がたの存在は、舩井先生にとって生きる指針であり、希望でした。舩井先生がご病気になられてすぐに、幾人かの医者からは、「舩井先生の寿命はあと一ヶ月しかもちませんよ」「今すぐに心臓の手術をしなければ、あと一年も生きられないでしょう」などと言われたこともあります。通常ならば希望を失ってしまうかのようなそれらのマイナスな言葉を聞いても、船井先生は強い意志で手術や入院を拒み続け、病気であったにもかかわらず、身体が動くかぎりは健康な社員たちの何倍も働き続けました。家からほとんど出られなくなってからも、最後までペンをとり続けました。

生きている間は、全力で、命懸けで世の中のために貢献したい、という強い思いがいつもあったように思います。常々、「ヒマラヤ聖者のようになるのが、人間の生き方として正しいようだ」とおっしゃっていました。

そして、病気は絶対に治るのだ、人間は本来ヒマラヤ聖者のように死をも克服できる存在なのだ、という気持ちを持ち続けておられたように感じます。そのおかげで、余命一ヶ月や一年と言われてからも、少なくとも五年以上は人並み以上にご活躍をされました。

これは不老不死のヒマラヤ聖者をお手本とする船井先生からすると納得のいく活躍ではなかったかもしれませんが、現代の医学的な常識からすると、奇跡のような症例だったと言えそうです。

一方、ヒマラヤ聖者への思いは、生きる希望であったとともに、病気の痛みを抱えた船井先生にとって、苦悩の種でもあるように見えました。何年たっても治らない痛みを抱え、老い衰えていく身体で生きていかねばならないことは、「何か生き方が悪いからだろう。生きているだけでまわりの家族に迷惑をかけてしまって申し訳ない」そのような悩みをお持ちだったようです。あくまでも目標はヒマラヤ聖者のような生き方だったために、大師がたと病気の自分とを比較して、進み行く老いを受け入れられず、自己嫌悪に陥っておられるようでした。

痛みに苦悩される船井先生の傍にいることの多かった私は、そんな時になんと言葉をかけるのがよいのか、正解がわからずにいました。

「きっと治りますよ」「早く元気になってくださいね」「ヒマラヤ聖者は死なないし、どんな病気も治ると言っていますから、大丈夫ですよ」

このような言葉は、たとえ励まそうと思って言ったとしても、長い間病気や痛みと闘い続けている人を、時として傷つけてしまう言葉にもなります。きっと治ると信じたいのに、ずっと治らない現実が、治らなければ駄目な人間だと責めているように聞こえてしまうこともあるのです。

そのため時には、悩んでおられる舩井先生に対して「もう八十歳ですからね。男性の平均寿命より長く生きておられるのだし、身体に不具合が出てもおかしくない歳なのではありませんか？」「人は誰でもいずれ死ぬのですよ。老いを認めて、もっと仕事の手を緩め、ゆっくりと療養されてはいかがですか？」

などと、声をかけたこともあります。これらもやはり舩井先生を励まそうと思って選んだ言葉ですが、『ヒマラヤ聖者への道』からの視点で見ると、死や老いの概念をわざわざ植えつけようとするのですから、適切だとは言い難いようです。

舩井先生が亡くなられた今となっても、あの時なんとお声をかければよかったのか、やはりまだ正解はわかりません。おそらくそれは、本書に出てくる大師がたのように、自らの肉体の死をも克服し、神に一歩近づいた状態になってから、正解がわかるのだろうと思うし、言葉に説得力も出るのだと思います。

と、こんなことを書いていると、きっと舩井先生があの世から「過去はすべて善だからね。君の選んだ言葉は、その時の僕にとって必要で、必然で、ベストな言葉だったのだよ」と笑って答えてくれそうな気もします。

肉体は滅んでも魂は生き続ける

今世での肉体の死を遂げられた船井先生ですが、本書をお読みの皆様にはもうおわかりのように、肉体の死は本当の死ではありません。単に、魂（生命）が肉体を去っただけで、変容しただけのことです。肉体は滅んでも、魂は永遠に生き続けます。肉体の亡くなった船井先生は、同時にいろいろな場所に存在できるし、一瞬で遠い場所へも移動できることでしょう。

三十代で身近な家族を続けて亡くされ、死やあの世、世の中の構造と人間の正しいあり方について勉強をし続けた船井先生は、肉体が滅んでも魂は生き続けることを確信されていました。この世は魂が勉強をしに来る学校のような場で、学びを終えたら魂の故郷であるあの世へ帰るのだ、と常々おっしゃっていました。

そのため、おそらく肉体の死に対する恐怖心はほとんどなかっただろうと思います。生きている間には一人の人間として苦悩もあったかもしれませんが、亡くなられた船井先生のお顔は、今にも起きだしそうなほどに非常に安らかで、人生にとても満足されてあの世へ旅立たれたように見えました。やっと僕も今世での学びを終えて魂の故郷へ戻ることができたよ、痛みや苦しみから解放されて楽になったよ、これからはあの世からよい世の中づくりのためのサポートをするよ、と喜ばれている気がしました。

人間は創造主と一体になるのがベスト

舩井先生が『ヒマラヤ聖者への道』について、著書の中で簡潔に説明している部分がありますので、ここで少しご紹介したいと思います。

結局、ヒマラヤ聖者の言葉で一番大切なことは、人間は創造主と一体になるのがベストだということです。そうしないと私の経験でも、ひどい目に遭うことが多くあります。人間の本質は宇宙の本質と同じです。それゆえに人間には無限の能力がひそんでいます。悟りと行といった訓練によって、人はこの本来の無限の能力を開くことができるようです。この能力が出た程度に応じて、人間は自然の中にひそんでいる神秘な力をも発動することができるのでしょう。それはいわゆる〝奇蹟〟をおこすことができるということです。いいかえれば、人は真に自分自身と宇宙との主になることができる、ということを角度を変えて様々に同書では言っているのです。別の言葉で「キリスト意識」ともいっています。これと一体であることを微塵《みじん》の疑いもなく自分に受け入れることができたとき、人生のすべてが変容するということです。これが言っていることのすべてです。すると次は、奇蹟が起こり出す。水の上を歩いたり、虚空《こくう》から食べ物を出したり、分身して二カ所に現れたり、一瞬で長距離を移動したりできるようです。ヒマラヤの聖者たちは、こんなことは人間みんなが本来できることなんだよと、実際にやって見せてくれるのです。

（『いま人に聞かせたい神さまの言葉』徳間書店刊より抜粋）

この文章にもあるように、最も大事なことは、人間は創造主と一体になることのようです。生前、船井先生は創造主のことをサムシンググレートと呼ぶことを好みました。「経営も、人生も、サムシンググレートの気持ちになって物事を進めると、きっと良い方向へ進むのだよ。サムシンググレートの心は、一人ひとりの心の中に必ず存在しているはずだから、何か迷うことがあった時には、胸に手をあてて良心に従って考えてごらん、きっと正しい答えが見つかるはずだよ」

そんな言葉を、著書や講演、経営指導の中で、船井先生から何度も教えていただきました。これは多くの人の人生で何度も役立ってきた言葉であり、きっとこれからも役立つ教えだと思います。

真理は変わることがない

ところで、船井先生が連載を続けておられたホームページの、船井幸雄ドットコム(http://www.funaiyukio.com/)の中で、船井先生の最後のメッセージとなった二〇一四年一月六日の記事の一部をここでご紹介したいと思います。


こんな年にどう生きるべきか……ということですが、日本人は、勤勉、質素で、技術指向がやはり国民性からみて第一の特性でしょう。これを活かすことです。

ついで、本当のことを実感として知り、それの可否を調べることだと思います。マスメディアの発言は半分は問題外にしてください。それよりも自分の感覚でつかんで、調べ、そして本当のことを知ってほしいのです。

現実に地に足をつけて考えてほしいのです。

いまの世の中は、スピリチュアルなこととか食とか遊びなど、どうでもいいことに浮かれている人に、かなり焦点が当っています。一度そのようなどうでもいいことは忘れ、現実人間にもどってほしいのです。そうしますと、「あっ」と、びっくりするほど、自分のしていたムダに気づくでしょう。間違いも分ると思います。

いずれにしましても、今年こそは、地に足のついたよい仲間をつくり、仲間間で助けあい、地道に生きてほしいのです。一人ではムリだと思います。

いまさらスピリチュアルやおいしいものに夢中になるという時ではありません。ぜひ生きるのに必要なことに今年は全力投球をしてください。

ただ、将来への夢と希望は忘れないようにしてくださいね。これらは大事です。

この文章は、昨年までの日本の経済とこれからの変化について意見を述べた後、日本人としてどう生きるべきかを結論として書かれている文章です。

この文章は最後の文章だったために話題を呼び、ツイッターやフェイスブックなどで、故意に一部のみを切り取られた意見が多くの人に拡散されました。そのため、あれだけ見えない世界のことやスピリチュアルを世の中に広めた船井先生が、人生の最後でスピリチュアルを全否定して亡くなられた、と喜んだ方もいれば、裏切られた気分でショックを受けた方もいらっしゃったようです。

一概にスピリチュアルと言っても、真理に沿ったものもあれば、単なる流行もの、お金儲けのためのものなど様々です。これはそもそも一部分だけが読まれてしまったことと、今の日本において「スピリチュアル」という言葉が使う人によって非常にあいまいなものであるために、船井先生の意見が多くの誤解を生んでいるようにも思います。

たとえば、本書も今の時点の日本（二〇一四年三月現在）では、多くの方からスピリチュアル系と認識されるでしょうし、書店では精神世界の棚に分類される本だろうと思います。しかし、本書が船井先生の認識の中でスピリチュアルに分類されるかと問われると、否、だろうと思います。ご本人が今はいらっしゃらないので、断言まではできませんが、おそらく船井先生にとって、本書の内容は実際にあった出来事として、ノンフィクションに分類されていただろうと思います。また、船井先生は文章の中で地に足をつけて生きてほしい、ということを強調されていますが、最大限に地に足をつけた人間の究極の姿が、本書に出てくる大師がたの姿にも思えます。

おそらく船井先生は、この文章の中でのスピリチュアルとは、「見えない世界の中でも物事の真理や本質に沿っていない情報」を指して表現されたのでしょう。決して、見えない世界やまだ解明できていないことのすべてを否定されたわけではないのです。地に足をつけて、マスメディアやくだらない情報に騙されず、真理や本質に沿った、「ほんもの」の情報を選択して、仲間で協力しあって生きてほしい、ということが言いたかったのだろうと私は解釈しています。

本書が九十年の時を経ても読まれ続けるように、真理はいつの時代になっても変わることがないし、なくなることもありません。その時代のすべての人に受け入れられなかったとしても、真理は必ず残るのです。また同様に、船井先生が亡くなられても、船井先生の教えの中で真理に沿ったものは何年たっても人々に語られ続けていくのだろうと思います。

最後に、船井先生が講演活動や経営指導の中で教えておられたことを、少しだけ箇条書きでご紹介して、このまえがきを終えたいと思います。

・サムシンググレートの気持ちになってみよう
・宇宙の理に沿って生きよう。宇宙の理とは自由、公平、開けっ放しで秘密がない、単純、調和している、共生している、無駄がない
・人の思いは実現する
・過去オール善、必要、必然、ベスト
・成功者の三つの条件は、素直、勉強好き、プラス発想
・勉強の三原則は、本を読む、人に話を聞く、実際に経験すること
・迷うことはやらないほうがいい
・短所は気にせず、長所を伸ばそう
・すべてを肯定、感謝しよう
・よいと思うことをやり、悪いと思うことはやめる、勇気を持とう

読者の皆様は、ぜひ本書から多くの真理を学ぶと同時に、本書を愛した船井先生の教え

も、この世を上手に生きるコツとして参考にしていただければ幸いです。

船井幸雄先生、船井先生が人生で学んで来られたたくさんのすばらしい教えと、本書のようなすばらしい本を、多くの人々に広めてくださって、本当にありがとうございました。

にんげんクラブ編集室　兒玉裕子《こだまゆうこ》

ベアード・スポールディング氏の貴重な資料について

DeVorss & Company は長い年月と多くの移転――ロサンゼルスの繁華街からイーグルロック、サンタモニカ、マリナ・デル・レイへ――を重ねる間、大ヒット作『ヒマラヤ聖者への道』の著者、ベアード・スポールディング氏に関する、大型ボール箱10個分の資料を所有し続けてきました。

箱の中には校正刷りや、通信文、メモ、領収書、また本シリーズ5巻までの初版とその後長年にわたって続く増刷に関する、ただの事務的な書類の他には何もないと考えられていたため、古びるまま、手をつけることもなく、DeVorss 社の巨大な倉庫の奥でほこりまみれになっていたのでした。

1990年5月、箱の中には何かもっと興味深い――それどころか重要と言えるものがあるのでは、という好奇心と期待に駆り立てられ、箱をオフィスに運んで中身をすべて出し、気の遠くなるような分類作業を始めました。確かに、多くはつまらない、単純に事務的な記録でした。けれどもうれしいことに、他にもいろいろなものが見つかったのです。伝記的な記録や、スポールディング氏がやりとりした手紙、手書き原稿やタイプ原稿、証拠資料、写真、1935～36年のインド視察団からの通信文、スポールディング氏が亡くなったときアリゾナのモーテルに残されていた所持品、そしてずいぶん前に廃刊になった『Mind Magazine』への掲載記事もありました。

この雑誌はDeVorss社が1929年から10年間刊行していたもので、スポールディング氏は1935年から37年にかけて数多くの記事を寄稿され、その中にはシリーズ5巻の読者にはおなじみの質疑応答のコーナーもありました。

こうした貴重な記録を発見してからの数年間は、再調査、分類、新たに保管（今回はちゃんとしたファイルに）、さらなる情報の収集、そして本書の編集と、遅々として進まぬ作業の連続でした。

ロサンゼルスの「哲学研究協会」（The Philosophical Research Society）とニューヨー

ク公共図書館の温かい協力のおかげで、両者がそれぞれ所有していたものを合わせて、スポールディング氏の『Mind Magazine』への寄稿の全記録を集めることができ、今読者のみなさんは本書のページをめくるだけでいいのです（1986年のロサンゼルス公立図書館で起きた火災により、所蔵されていた『Mind Magazine』の完全なファイルは焼失）。

箱の中から記録を発見する3年前、我が社はベアード・スポールディング氏に関する情報を持っているという方からようやく知らせを受けることができました（それ以前も以後も、スポールディング氏に関する情報を持つ人を探すことに全力を注ぎましたが、結果はむなしく、生前から氏に対して感じていた、幅広い交友関係を持ちながらも捉えどころのない人物である――この伝説上の人物とも言える氏の数多くの矛盾の一つ――という印象を改めて強くしたのでした）。

この女性、ロイス・ビンフォード・プロクターさんが紹介してくれたのは、ニューメキシコ州アラモゴードにある「クインビーセンター」(Quimby Center) の故ネヴァ・デル・ハンター博士による懐古談でした。博士はベアード・スポールディング氏をとてもよく知っていて、彼との体験を話してくれたのです。

プロクターさんの親切な承諾により、その体験談を本書の中でご紹介します。

『ヒマラヤ聖者への道』シリーズ第5巻を読まれた読者の方は、1953年3月22日の日曜日、アリゾナ州テンペのカー・モーチュアリー・チャペル（Carr Mortuary Chapel）で行われたベアード・スポールディング氏の追悼会で、氏の著書を出版したダグラス・デヴォース氏が述べた賛辞を覚えておられるでしょう。本巻では、このとき氏の友人デイヴィッド・ブルートン氏が述べた賛辞をご紹介します。ブルートン氏の言葉の中でも示されているように、ぜひ2人の話をあわせて読まれることをおすすめします。『ヒマラヤ聖者への道』シリーズ第6巻は、これまでの5冊に敬意を表しつつ、以下の内容で構成されています。

1　『Mind Magazine』に掲載されたスポールディング氏による質疑応答
2　『Mind Magazine』に掲載されたスポールディング氏の新たな略伝
3　スポールディング氏による原稿と記録
4　デイヴィッド・ブルートン氏によるスポールディング氏への賛辞
5　ネヴァ・デル・ハンター博士によるスポールディング氏の懐古談（ロイス・ビンフォード・プロクターさん協力）

Read in

MIND MAGAZINE

A Series of TWELVE NEW ARTICLES, QUESTIONS AND ANSWERS, and FACTS about

Life and Teaching of the Masters of the Far East

By BAIRD T. SPALDING

This new material is being published exclusively in MIND MAGAZINE and is auxiliary teaching to Mr. Spalding's books, Volumes 1, 2, and 3 of THE LIFE AND TEACHING OF THE MASTERS OF THE FAR EAST. Subscribe beginning with September issue 1935 to avoid missing any of these vital articles!

By the year, $2.50 Single copies, 25c

DEVORSS & Co., 843 S. Grand Ave., Los Angeles

Centers and Dealers: Unless you have a standing order for these issues we cannot guarantee to fill your entire requirements for MIND MAGAZINE. We suggest that you advise us immediately the quantity you want of each issue. Fully returnable. Wholesale price to those buying for resale.

『Mind Magazine』誌

6　数々の手紙、写真、その他スポールディング氏の思い出の品々

3つ目のセクション（原稿と記録）で複写された記録がスポールディング氏自身の手によるものであることを保証するために、あらゆる努力を尽くしました。

第6巻でスポールディング「作品」は最後になると思われますが、75年以上にわたって数多くの人々のためになってきた本シリーズのメッセージ、今回も充実した内容で、みなさんの興味を満足させるものになっているはずです。

アーサー・ヴェルガラ
編集者

『ヒマラヤ聖者への道』に書かれた教えについて

ベアード・スポールディング氏による『ヒマラヤ聖者への道』第1巻が世に出て以来、本シリーズ第3巻までの刊行、『Mind Magazine』の中で紹介される記事、『India Tour Lessons』（第4巻）と続く中で、世界中の真実を追求する人々により、多くの考察がなされてきました。両極端とも言えるような、実にさまざまなものがありますが、こうした考察は状況全体をただ表面から見ている結果に過ぎません。

今こそ、人類全体がメッセージとメッセンジャー、つまり「真理」（Truth）と、真理が世界に示される手段を区別することを学ぶべきときです。真理について書かれた本や、真理について説く教師はさまざまあっても、真理に変わりはありません。

考慮すべき点は真理が示される環境《セッティング》ではなく、示される真理の趣旨なのです。教えられる事柄と教えられ方を区別できるようになることは、混乱と啓示のあらゆる違いを含んでいます。

『ヒマラヤ聖者への道』に書かれた教えに、ヒンドゥー哲学の最古の宗教的文献の要素を含まないものはありません。また、現代の宗教や形而上学においても、こうした文献で説かれた教えを含まないものはありません。さらに、スポールディング氏の著書の中に、聖書やイエス・キリストの実践の再現でないものもありません。

環境、つまり言葉には微妙な違いがあるかもしれませんが、示される真理は全く同じであることが、正しく読み取る洞察力があればわかるでしょう。

自分の中に現れるままに、真理を伝えようとする偉大な人物は、いつの時代でもその正当性を疑われるものです。2000年前の人々はキリストの権威に疑念を抱きました。キリストを異端者だと宣言し、冒瀆《ぼうとく》の罪で十字架にはりつけにしました。そして今我々がキリストを崇拝する理由である、まさに同じ教えのために、キリストを苦しめ、侮辱したのです。

時の流れにより、人はキリストの使命・メッセージとキリストを取り巻く出来事を、またキリストの活動と活動がなされた環境（今では忘れられている）を切り離して考えられるようになりました。よって、現代に生きる誰かが真理を世界に示し、これまでも、そしてこの先も永遠に存在し続ける真理に目を向けようと取り組んでいるときも、我々はその出来事や環境を見る必要はないのです。

一般的に「離れているから美しく見える」とよく言われますが、この事実が日常生活の中で出来事や人を判断する際、大きな影響を与えていることを人々はなかなか考慮に入れようとしません。インドで起きた出来事に、アメリカ人は現地の人とは逆の反応を示す可能性があり、またその反対も同様に言えます。

インドの人々はアメリカのある人々の活動を見て、まぎれもなくマスターのしるしだと考えるでしょう。また、バガヴァッドギーター（ヒンドゥー教徒の座右の聖典）やヴェーダ（バラモン教の宗教文献）を真理の要素が含まれる神聖な書物だと親しんでいる人々にとって、聖書は慎みに欠け、衝撃的な内容に思えるでしょう。

インドの人がアメリカを訪れ、この国のある人々による現代の奇跡を目にするのはいかにもありそうなことですが、私たちアメリカ人は、その奇跡を知性の証《あかし》と考えるでしょう。けれども、私たちがインドを訪れて、同じパフォーマンスを目にし、同じ教えを受け入れたなら、他のアメリカ人から精神虚弱だと見なされるでしょう。

しかし、いずれにせよ、これは精神虚弱の事例なのでしょうか？　あるいは心の中で燃えている、人類共通の真の知識への渇望の表れではないのでしょうか？　本当は、ヒンドゥー、キリスト、近代形而上学者、いずれの教えであるかにかかわらず、真のメッセージが意味しているのは、真理は人間の心の中に見つかり、自分が存在するいかなる瞬間も、自身に気づき得るところでコンタクトがちゃんととれるのです。

誰かの教えの中に、聖書やその他世界にある60の神聖な書物のいずれかの中に、自分の神性に光を与えてくれるものが存在するなら、それについてじっくり考えてみましょう。

それが生命の「無限の原理」を示しているなら、神、梵《ブラフマー》、ラー、アイン・ソフ、いずれの名において原理と呼ぶかにかかわらず、その生命の泉から水を飲みましょう。真理が示される環境から離れ、真理をその根源に求めるなら、きっと見つけることができるはずです。

宗教的偏見は、人間の本質にある偏見の最も深いところに存在します。もし真理を見つけようとするなら、それがどこで見つかろうと、その発見が私たちの限られた信念や考察に何をもたらそうと、自身の弱さから抜け出し、真理に向き合わなければいけません。

この先紹介する、スポールディング氏の教えの言葉から引用すると、「マスターはアメリカを、1億5000万人のマスターのいる国だと見ています」。つまり、「すべての人がマスターである」と言っているわけです。自分の中のマスターとコンタクトをとることは、自分の中の「神なる自身」を見つけることです。真理の現れにより手に入れるものが何であろうと、この目的は極めて重要です。この点を見落とせば、すべての教えがあなたにとって無駄になってしまいます。

「マスター」、「聖者」、ヒンドゥー教徒にとっての「導師《グル》」、いずれも、「造物主（神）」の代弁者を表します。アメリカでは、聖職者をプリースト、レクター、プリーチャーとさまざまに呼びますが、その肩書は同じ使命を意味していると考えられています。

私たちが当然だと思ってきた信頼に対して誠実であるかどうかということは、各個人にとって、自分自身を見抜く一つの鍵になります。また、他の人を見抜く場合には、その人が示す真理が、神によるものなのか、それとも妄想が生み出したまやかしのものなのかを見極めることが必要です。

ベアード・スポールディング略伝——先祖はインドやゴビ砂漠で300年以上暮らし、曽祖父は古代文明が書かれた『黄金の書』を発見した

スポールディング家はイングランドに由来し、ベアード・スポールディング氏が生まれたのもイングランドでした。4歳のときインドに渡り、その後、学業や仕事で世界各地をまわったものの、インドが彼の故郷であり続けました。

インドで暮らすようになって間もなく、大学進学校に入学し、17歳で大学を卒業。カリフォルニアで2年を過ごした後、ドイツに渡り、ハイデルベルクで8年間学びました。それから再びカリフォルニアに戻り、カリフォルニア大学バークレー校、スタンフォード大学で考古学の研究に励みました。

ベアード・スポールディング氏の先祖は、インドやゴビ砂漠で300年以上暮らし、働いていたといいます。曽祖父のある発見のおかげで、スポールディング財団（The Spalding Foundation）が創立され、これがゴビ砂漠での遺跡発見につながりました。財団は今日（1935年）も発掘作業を続けています。

伝えられるところによると、ベアード・スポールディング氏の曽祖父は貿易業に従事し、ガンジス川を下って荷物を運んでいました。洪水の時期でしたが、状況に不慣れだった一行は水が土手にあふれるまで運び続けました。ボートはみな岸から離れ、岩礁に乗り上げてしまいます。あるボートはむき出しになった岩壁に横づけになりました。地元の者が壁を突き破ると、中から金の断片が落ちてきました。壁の内側は蔵になっており、そこに金色の本『黄金の書』があったのです。

この本は続き物の2巻目で、中には他の本のありかが書かれていました。この連作には「古代文明」の歴史が簡潔に書かれ、国があった場所の経度と緯度が示されています。終わりから2ページ目には他の本のありかを示す地図が、最後のページには都市の位置を示す地図があります。人々は、起程点を見つけることによって経度と緯度を把握できれば、都市の位置を知ることができるとわかりました。

スポールディング財団のもとで働いている技師たちは、19年かけてゴビ砂漠にある都市の位置を発見しましたが、最初に杭《くい》を打ち込んだとき、遺跡に行きあたったのです。

曽祖父は、ゴビ砂漠を訪れることはありませんでした。1868年に祖父がこの地に行き、またベアード・スポールディング自身は1879年に初めて訪れています（スポールディング氏は1857年5月26日生まれ）。

今日、この古代文明にまつわる、いわゆる伝説は、確かな事実であることが証明されてきました。これらの古代文明は確かに存在し、当時の人々は、現代人よりも遥かに多くを成し遂げていたことがわかっています。

中でも最も偉大な文明が、まさに我々が今いるこの国に、また南北アメリカ大陸のさまざまな地域で、さらに今は太平洋に沈んでしまった大陸や、おそらくは大西洋に沈んでしまった大陸にも存在していたことがわかっています。当時の偉大な人類が人生のスピリチュアルな側面で生きていたことは間違いありません。

新装分冊版［実践版］ヒマラヤ聖者への道6　完全なる調和と統合へ　目次

◎私たちは文明が二度と暗黒へ戻らないレベルまで引き上げるためにここにいる　◎常に完璧をイメージするなら、それが細胞群にどんな影響を及ぼすか？　◎この時代に生き、貧困とストレスの轍から人類が脱出するのを見るのは、なんという特権か！　◎自分の意識を散漫にさせないエクササイズ／ピラミッドの底辺から頂点を見てフォーカスする　◎アセンションは想念上のプロセスに過ぎない。自分がいたいと思う場所を描けば、その瞬間にそこに存在することができる　◎死は存在しない／体は決して霊的状態から外れることはない

第11章　人間の体は本来不滅

◎聖書もイエスも「人間の確固たる思考活動によって、神性の法則を完全なものにする」と語っている　◎人間は「失敗の連続」を自ら創造している／私たちはエネルギーの96・4％をネガティブな思考に使っている　◎「私は〇〇になるだろう」ではなく「私は〇〇になる」と言ったイエス　◎ライトボディ／ポジティブな思考をする人の体からは常に光を放つ　◎イエスは想念のパワーを人類が活用できるために表現していた　◎あらゆる疾病が始まる根源／不完全であるという思考そのものが、細胞を死に至らしめる　◎今後どのような国家も、スピリチュアリティなしには存続することができないだろう

は祖先の習慣をただ従順に受け入れることだけに満足している　◎あなたは「運命を決める主」。そのことに思考を集中させよう　◎人間の心に限界はない。集中すればするほどさらに強い力が生まれる　◎「自分を神だと受け入れる」完全な決意をもって前進する　◎世に生を受けたすべての人を照らす「光」について——ベアード・スポールディング追悼演説　デイヴィッド・ブルートン　◎ベアード・スポールディング氏の真の使命は『ヒマラヤ聖者への道』の執筆にあった　◎すべての人を照らす「光」は「永遠」で、「万能」で、「不滅」　◎ベアード・スポールディング氏懐古談／ベアード・スポールディング氏は時間や距離を自在に操り、テレポーテーションも可能だった

カバーデザイン　櫻井浩（⑥Design）
本文デザイン　櫻井浩＋三瓶可南子
翻訳協力　山川紘一郎
　　　　　合田秀行
本文仮名書体　文麗仮名（キャップス）

第1章

奇跡的人生／奇跡と呼ばれる現象はすべて立証できる

大師方の人生は奇跡ではなく、生命を最大限に活かした至極当然の結果に過ぎない

私たちの仕事は、そもそも考古学的な研究ですし、私は講演家でもありません。私はエンジニアであり、私たちの仕事は、それまでほとんど話題にされることのない分野でした。しかしながら、私が著書で取り上げてきた事柄が事実かどうかということと、登場人物たちが実際に存在するのかという問い合わせがあったため、こうして皆さんの前に姿を現し、当時から現在に至るまで、いわゆる「奇跡的人生」を生きている人々との交流の結果を分かち合うことになった次第です。

とはいうものの、大師方にとっては、彼らの人生は奇跡でも何でもありません。それは、生命を最大限に活かしたことによる、至極当然の結果に過ぎないのです。私たちの研究は、奇跡と呼ばれる現象はすべて立証できるものであり、それらの背後には、科学的な事実があることを最終的に証明するに至りました。実際、著書に描写された御業《みわざ》の数々は、その

根底にある科学的事実によって引き起こされたものであるということを、私たちは現在では知っています。誰であれ、こうした現象について訝《いぶか》しんだり、あれこれ憶測したりする必要はありません。私たちは一歩前進し、それらの現象と一体になるだけで、御業を我が物にすることができるのです。それは、用いるうちに、極めてシンプルになってくるはずです。

西洋世界は複雑な仕組みを通して御業に取り組んでいるように思われる一方、東洋世界は、それと一つになって機能しています。あなた方はその現象を信じない限り、何一つ成し遂げることは叶《かな》いません。それは、一つの物事が次の物事を偶発的に引き寄せる、といった風に作用するのではなく、完全に秩序だった順序に従い、一つの物事を達成し、次に別の物事に着手するという方法によってのみ可能なのです。

私たちの研究は、「死というものは、存在しない」と断言し、かつ証明できるようになりました。それは個人によってのみ達成され得るものです。それは、他のすべての物事を達成するのと全く同じ方法で達成できるのです。永続する生命を達成する方が、死を達成するよりも遥《はる》かに容易なのです。なぜなら、生命の方がより偉大なものだからです。死というものは波動があまりに低くなり過ぎて、生命が体の外に弾《はじ》き出されてしまった状態なのです。これを説明可能にするための科学的事実が解明されてくることは、疑問の余地がありません。

体を完成させるための数学的な公式を皆さんにお見せすることも、ゆくゆくは可能になるでしょう。それは掛け算の公式同様に、シンプルな形態となるでしょう。これが今現在、この国で取り組まれていることなのです。人間はこれを神秘と見なしますが、それは神秘ではありません。これらのことは、立証可能なのです。もし何かを信じなければ、私たちはそれを所有することはできません。一歩前進し、それを容認しなければ、私たちはそれを手に入れることはできないのです。この研究は、人間がいつの日かそれらを活用するようになると推測されるため、続行されています。

古代文明で生きていた年長者たちは、今日の私たちよりも、より高邁《こうまい》な姿勢で生きていました。彼らが残していった記録は、現代文明にとって最も貴重な宝です。もしも人類がそれによって支援されるなら、それに越したことはありません。それが実用的でないなら、私たちはそれと一切関わりたくはありません。結果的に私たちは、神秘あるいは神話の一切存在しない、実際的な実地ベースのものに煮詰めるよう試みました。それらを適用するなら、人生のあらゆるレベルにおいて、実行し、達成できるのです。誰か一人が達成できることなら、万人にとって達成可能であり、いずれはそうなることでしょう。

誰しもアセンションを理解したときに、いつでも、自由にアセンションをするでしょう

【質疑応答】

Q 第3巻の中で、大師方と共にいると、物質的な肉体では不可能なタイミングで移動していることについて言及していますが、これに関するスポールディング氏の見解を少々お聞かせいただけますか?

A 多くの場合、肉体の移動は気づかないうちに起こっていました。私たちが特定の場所に意識を投影すると、投影が完了した瞬間にその場所に移動していたことは明ら

かです。私たちが目的の場所に移動するのを妨げている唯一の障害は、何らかの外的要因が私たちをその場所に留《とど》めているからです。そうした制約を手放しさえすれば、私たちは視覚化する場所に、直ちに瞬間移動することができるのです。

私たちはビジョンに描いた地点に、直ちに自分を運び去る状況と完全に調和することができるのです。テレポーテーションした肉体の波動は遥かに高レベルです。それは、より高次の周波数の波動と一体になります。

私たちは、常にエレクトロニック（電子）体というものを持っており、その体こそが私たちが実際に住処《すみか》としている体なのです。それは私たちが実際に生命を営むためのもう一つの方法に過ぎません。

実のところ、私たちは存在のすべての特質を備えた一つの体に住んでいるのです。私たちが区別さえしなければ、どこであれ、自分が意思した場所に直ちに現れることができるのです。この体はその場に残しておくことも可能ですが、常に共にいる方がさらに素晴らしいことなのです。

Q エミール師やその他の大師方を、ここに招聘《しょうへい》することは可能ですか？

A 今まで一度も試みたことがありませんが、それに関する私の見解はこうです。私は今、ここにいます。もし、私が大師方を必要とするならば、彼らはここに現れるでしょう。あるいは、彼らが来たいと望むならば、彼らは自由自在に来ることができるのです。もし私たちが彼らと完全に一つになるなら、私たちは常に彼らと一つなのです。キリストは、私たちのいるところにいるのです。人間が作る分離を除いては、分離など存在しません。

Q 「キリストには、ただ一つの形体があるのみだ」と言いましたが、それについて説明してくださいませんか。

A 存在するのは、すべての人類にとっての普遍的なキリストのみです。私たちがキリストと一体になれば、私たちがまさにキリストそのものとなるのです。イエスは、世界に対してキリストを表現しました。私たちがそう意識する限り、人類全員がキリストを顕現することができるのです。

Q キリストは、常に男性ですか？

A　キリストは、常に個人個人の中に在《あ》るのです。

Q　エリコの壁を壊したのは、波動だったのではないでしょうか？

A　近年の発掘によれば、壁は浸食されていたことを示しています。それは波動が原因だったのかもしれません。

Q　聖《セント》ジャーメインはどこにいるのですか？

A　それは、わかりません。私たちは彼が自身を制約する、いかなる場所も知りません。そうした高邁な精神の方々はすべて、全世界のために仕えているのです。聖ジャーメインは多くの政治的グループと共に働くことを選びましたが、自身を特定の場所に制約してはいません。

Q　すべての魂は、イエスのようにアセンションを果たすのでしょうか？

A　いいえ。ただ、誰しもアセンションを理解したときに、アセンションをするでしょう。あなた方は決して特定の条件にも、あるいは状況の形態にも束縛されていないのです。あなた方はいつでも自由にアセンションすることが可能ですし、より高次のレベルに住むことができるのです。なぜならあなた方は「自分の理想を顕現する」からです。

Q では、いわゆる「死ぬことが運命づけられた人々」はどうなんですか？

A 彼らは、死にあるのではありません。彼らの体を、私たちは「活動停止状態」と見なしています。その体には、もはや生命が宿っていないのです。生命は、その体を去ってしまったのです。それは単なる変容に過ぎず、死というものはそもそも誤った考えなのです。

第2章

万物は波動／波動や思考が成し遂げること

より進化した7番目の人種と文明が私たちに接近しつつある

私たちの仕事の発端について、少々掘り下げてみてはどうかという提案がありました。多くの人たちが、この仕事を開始した背後にある動機を理解していないようです。この仕事はそもそも私の曽祖父によってはじめられたものであり、彼が私たちの仕事の基礎を築いたのです。一般に呼ばれるところの「インドの神話」が、果たして実際に存在するのか、さらに、古代文明の噂《うわさ》が真実であるかどうかを証明するというのが彼の目的でした。

インドでは数世紀にわたり、より偉大な文明が存在したと言われています。私の曽祖父がこの仕事を開始したときには、20～25年もあれば結論に達するには充分だろうと考えられていました。ところが25年の歳月が経過してみると、彼らはその仕事の表面をかすっただけに留まりました。実際のところ、ゴビ砂漠での作業だけでも67年間続行され、その作業の先駆けとなる下準備の調査も、それより遥か前に開始されていたのでした。ゴビ砂漠で私たちが発見したことは、私たちをさらにさらに先へと牽引《けんいん》し続け、遂には私たちが常に「新世紀」と見なしていた、今世紀（20世紀）へと突入しました。すると突如として、私たちはまさにこの国において至高の概念を備えた最も偉大な人種を発見したのです。

私たちは、少なくとも、4つの偉大な文明が存在していたことを発見しています。また、さらにもう2つの文明が存在していた証拠が発見されるであろうこと、さらに、私たちは現在、高次の概念へと進化した6番目の文明にいること、従って、この文明は他の文明のように後戻りすることなく、7番目の文明に融合するであろうことが極めて明白です。

高次の文明の一部は、決して無視されたり、あるいは闇に葬り去られたりしたことがないと、私たちは今日では証明することができます。私たちはほどなくして、これが事実である証拠をお見せできることを願っています。私たちは多くの人々が現在同じラインに沿って作業しており、言うまでもなく多くの頭脳が一つの対象に向かって機能しているということは、結論がより速やかにもたらされる傾向にあるということを意味しています。

私たちは7番目の人種が急速に、しかも私たちへと接近しつつあるのを発見しています。

私たちはそこに仲間入りするだろうと信じています。これは、進化のプロセスなのです。人類は先代の文明が存在したことによって、新たな文明に向かうための大いなる機動力を受け取っているのです。人々は先代の業績へと立ち返っています。現在の状況を耐え忍ぶ必要はありません。人間は誰も、その業績を拠《よ》り所《どころ》にして文明全体をゴールに近づけることなしに何かを達成することはできません。人類は現時点でゴールにかなり近いところまで来ており、私は躊躇《ちゅうちょ》することなく、このように言明している次第です。

ゴールの多くは、ビジョンのように思われるかもしれませんが、私は現在では、ほとんど誰もがビジョンを確固たる事実と見なすことができると信じています。ほんの数年前までは、何かが不可能であると誰かが言うのをよく耳にしていましたが、最近ではほとんど耳にすることがありません。過去15年のあいだにあまりに多くのことが起きたために、人々はかつてよりも熟考するようになっており、その姿勢だけでも人類にとって大いなる恩恵となっています。

私たちは波動の中で生きている／波動や思考が成し遂げること

的確なラインに沿った思考は、私たちが想像するよりも遥かに人類にとって有益なのです。私たちは自分が発信した思考が、自分の身近な人にどれほど卓越した理解をもたらすかを決して知ることはありません。その理解が思考の発信者よりも遥かに上回っているということは、往々にしてあることです。なぜなら、思考の受信者はさらに掘り下げて考えるからです。

このことを通して、私たちは数多くの業績は一人の人間が他の誰かが適用し、より偉大な結論を導き出すためのビジョンを発信していなければ、長いこと成し遂げられなかったであろうことに気づくのです。最初に思考を発信した人はそのことを覚えていないかもしれませんが、それを受信した人は、その思考が真実であるということを発信者に証明するための特定の方法論を導き出しているかもしれません。

私たちは自分の言葉や思考が正しい方向に発信されたときに一体何が起こるか、知る由もありません。**私たちが正しい姿勢、あるいは正しい見解をもって明確な思考を発信するなら、それが多大な恩恵となって本人に還ってくることに、ほとんど誰もが気づいていると私は見なしています。**そうした姿勢は、波動や思考が成し遂げるであろうことについて、より深遠な理解を人々にもたらしています。

現代の科学者たちは、私たちが波動の中で生きており、「私たちを取り囲む万物は波動である」と言及しています。最も固い鋼鉄でさえも、その特有の波動の周波数によって振動し、結合し、その形状を維持しているのです。私たちは現在では、私たちの体がまさに同じものによって結合していることを知っています。それはスピリチュアルなものであると、結論付けられているのです。

突き詰めると「万物は波動である」と、科学者たちは言明しています。多くの人たちはさらにそのレベルを超えて、「一体何が実存なのか?」と疑問を抱き、またある人たちは、「それが神以外の何かであると結論付けることはできるのか?」と言及しています。それは、大いなる飛躍のステップです。私は自分の教授が推論をして、それらを通して導き出され得る要件を挙げていたのを覚えています。「何が、究極の存在なのか――？　私の結論は、ズバリ神だ！」　それは数年前の出来事でした。現在では多くの人々がそのラインに沿って追従しており、すべてのことをスピリチュアルな結論へと導いています。

確かに長年にわたり、私たちは分類することのできない「何か」を観察してはきましたが、まずは思考を通して分類することなしに、どうやってそれを分類することができるでしょうか？　その思考の姿勢が、それを支える機動力によって、その結論を実存へと変容するのです。それは、「見て、触れて、感じることができない限り、モノは存在しない」という厳格なルールを撤廃することなのです。万物の背後には、実存を成らしめる決定的因子が存在し、そのパワーこそが、あらゆる次元において万物を機能させているのだということを容認しない科学者は、現在ではほとんど一人もいません。

思考を分散させない／自身のパワーは分散させずに一点集中型にする

たくさんの人たちが、いわゆる死の経験の後の生命の実存に疑念を抱いています。死の経験とは、生命要素が押し出されるレベルまで、体の波動が低下した状態に過ぎません。生命素はあらかじめ決められた特定の周波数で振動しているため、波動が低下した体には、もはや結合することができないのです。明らかに生命素は、それが結合できるより高い波動の形体を求め続けます。私たちの研究は、生命素が古い体を離れた瞬間、新しい体を結集しはじめるということを証明できるレベルまで進むだろうと、１００％信じています。

こうした事柄は、もはや神秘や迷信とは見なされないレベルに至っています。人々は、それらを厳然たる事実として受け入れるようになっているのです。こうしたことの背後には、確固たる科学的事実があるのです。何かが達成されるなら、その背後には必然的に確固たる科学的根拠があるのです。すべての物事は、厳然たる法則の下に達成されているのです。人は誰しもそれが歩くことであれ、呼吸することであれ、何かを達成するには、その法則に従って機能しているのです。これには疑問をさしはさむ余地がありません。

まだ私たちが結論に到達できていない数多くの現象がありますが、こうしたラインに従って研究している多くの人がいるため、極めて短期間のうちに驚くべき結果が導き出されてくるでしょう。あらゆる思考はそれが発信された途端に、原理あるいは法則に回帰します。その時点において、常にその思考はまさに決定的因子となるのです。それは「まぐれ当たり」の状況ではなく、すべての状況の完全なる把握なのです。

あなた方はほとんど誰もが、まさにこうした思考のあり方によって機能していくのを見ることになるでしょう。**多くの思考を分散させ、従って、自身のパワーを一度に多くの分野に分散させるよりも、一点集中型の思考の方が遥かに素晴らしい方法なのです。**私たちは結論を下し、その結論によって達成することができる、卓越した手段を持つべきなのです。私たちはもう充分に長い間、堂々巡りをしてきました。私たちは一つのことを成し遂げ、確実な進歩をもって次なるステージへと進むべきなのです。それこそが、現在の東洋及び西洋世界の大方の姿勢なのです。そこが、東洋と西洋が邂逅《かいこう》する場所なのです。各々《おのおの》が相手にとって、分かち合う大いなるものを携えているのです。

西洋世界の人々の物理的な体の進化は、「まぐれ当たり」のような方式で成し遂げられたわけではありません。その背後には、ある極めて決定的要素があったのです。人々は常に、よりよい体とよりよい環境と共に、より優れた思考のあり方をもたらすことができるのです。物質的な体の進化においては、著しい脱線とスピリチュアルとは見なされないたくさんのことがなされてきましたが、それはなんら差異を生じさせるものではありません。我が目でしっかりとゴールを見据えれば、私たちは、それを成し遂げることができるのです。それはわき目も振らずに成し遂げるという決意をもって、スピリチュアルな事実と共に突き進むことによって達成できるのです。

これこそが、現在の世界が期待していることなのです。私たちは顕在意識のレベルでは気づかないかもしれませんが、それは私たちの祖先が電気による光がすでにそこに存在したにもかかわらず、ロウソクの炎を使っていたのと同じことです。必要だったのは、微小なフィラメントさえあれば、電流をそこに通すだけでフィラメントは光を放つほど熱くなるということを見通せるビジョンを持った一人の人間だけでした。ラジオにしてもその他多くの発明品にしても、同じことです。

私たちはそうした法則を受け入れたので、さらなる機動力をもって前進し続けます。これらの現象を私たちが理解する必要はありません。けれども、私たちがこれらを意識するようになるとき、私たちの眼前にさらに偉大なものが展開していくのです。このようにして、私たちはもう後戻りができなくなるまで、あるいはもう後戻りなど望まなくなるまで一歩ずつ前進し続けるのです。

失われた古代都市について書かれた『黄金の書』は、すべてインドにある

【質疑応答】

Q 『黄金の書』はすべて、インドで発見されたのですか?

A 全5冊、すべてインドにあります。当時私たちが発見したのは4冊で、5冊目も現在インドにあります。私たちはアラスカでも古代都市の廃墟《はいきょ》を発見しましたが、そ

の他はほとんど収穫がありませんでした。マッケンジー河が大海に注ぐ地点の付近でも、シャフトを沈め、都市の遺跡を発見しました。建物のブロック塀の彫刻から、その文明の人々はゴビで私たちが発掘した文明の人々同様に、彫刻技術を持っていたことを示していました。

アラスカでの調査は、彼らの記録を入手できるところまでは至っていませんが、ゴビでは記録が保管されている場所について言及する文書を発見しました。ゴビの遺跡では最初にシャフトを沈めてから地下貯蔵室の扉を開閉するまで、実に12年もの歳月を要しました。それ以降、さらに3つの扉を開けるまで4年超を要しました。貯蔵室の保存状態は極めて良好でした。

大師方と過ごした3年半でテレポーテーション、水上歩行、突然食事が目の前に現れることなどを目撃した

Q 大師方の出現と消失（テレポーテーション）の現象と、あなたの仕事に対する支援についてご説明いただけますか？

A 私たちはその現象を何度も目撃しました。テレポーテーションの方法はわからないものの、私たちはそれを神秘とは見なしていません。最初のうちは、そう思っていましたが。それは私たちが大師方と過ごした3年半の中で、最も特筆すべき経験の一つでした。私たち自身もその仕組みについて理解していないため、それを詳述することは困難です。

また、食糧の供給が尽きたとき、テーブルについて食事の準備をしていると、食事が目の前に現れるという現象も何度も経験しました。けれども、ある時点において、大師方に頼るべきではない、と悟ったのです。大師方は幾度となく古代文明の遺跡や文書のありかを教えてくれましたが、もし私たちがあの方々の情報に全面的に依存していたら、遺跡と文書を発見する方法論について、何一つ学ぶことはなかったでしょう。

そこで私たちは、調査を私たち自身だけで続行することに決めたのです。私たちは、調査によっても同じ結論に達するということを証明しました。現在では、私たちは大師方が私たちに指導してくれたことをより頼りにするようになってきており、それに伴って、仕事の効率も遥かにスピーディーになってきています。それと同時に、食糧の供給を頼ることをやめたのです。

私たちは食料を携行するとともに、できる限り事前に確保するよう心掛けました。不足するといつも供給されていたので、食糧が枯渇することに不安はありません。飲用水はすべて350マイル（約563キロ）の道のりを、ラクダが運搬しています。辺鄙《へんぴ》な土地柄を旅しているために、略奪から免れてきました。

大師方については、彼らのなす奇跡的な御業以外には、説明することは困難です。何かを成し遂げる必要が生じると、彼らが歩み出て、成し遂げてくれるのです。彼らが川の上に足を踏み出し、川の上をすたすたと歩いて、向こう岸に渡るのも目撃しました。彼らにとっては、それは奇跡でも何でもないのです。それは、確固たる法則によって達成されているのです。それはまた、一語も発することなく、即座になされています。私たちは7人の男性が水の上を歩き、8人目がまさに足を踏み出そうとしている場面の写真を持っています。

Q エミール師とジャストが燃えさかる林の中を通り抜けていたとき、あなたも彼らと一緒にいたのですか？

A　その通りです。このときが唯一カメラに収め損ねた驚異の場面です。そこにいたのは、私とエミール師とジャストの3人だけでした。とはいえ、カメラを持っていたとしても、写真を撮るのを忘れていたことでしょう。

私が二人の間に進み出ると、炎の中を通り抜けられるように巨大なトンネル状のアーチが造られたのです。この出来事が起こったのは1895年で、私にとっては、一連の不幸続きのあとの出来事でした。

癒しの寺院の奇跡／やせ細った子供の体にみるみる肉がつき始める

Q　癒しの寺院について、説明していただけますか？

A　それはオープン式の寺院で、巨大なドームが8本のアーチで仕切られています。その寺院では、誰かが儀式を行っているのを見たことも、あるいは癒しの言葉を発しているのを聞いたこともありませんが、その寺院を通り過ぎただけの人でさえ、明らかにその恩恵を被《こうむ》っていました。すべての人が癒されたとは断言できませんが、その寺院で多くの癒しが起こったことは事実です。

実際に私たちが被験者の傍《そば》にいたケースが、5件あります。一人の男性は、骨化症の末期状態で担架で寺院に運ばれてきました。彼は動くこともままなりませんでしたが、45分後には担架から立ち上がり、骨化症が完治して、寺院から歩いて出て行きました。それ以降、彼は私たち一行と働くようになりました。

次に4歳のイスラム教徒の例ですが、私がこの子を両手で抱き上げてみると、なんの重さも感じられませんでした。ところが20分も経たない内に、その子は母親の腕から飛び出し、寺院から駆け出していきました。母親は走っていったのが我が子とは、到底信じられませんでした。私たちの見ている目の前で、体に肉がつき、体型が変わったのです。この子のヒーリング前と後の様子を写真に収めてあります。

Q 寺院にいたときに、「万歳、万歳、ギャングはみんなここに勢揃い」と歌おうとしたときのことを話してくれませんか?

A 私たちは、この寺院では不調和な音は発することができない、と忠告されていました。私たちが、「万歳、万歳、ギャングはみんなここに勢揃い」と歌おうとしても、何の音もしませんでした。その後に私たちは、ただ「万歳、万歳、万歳」と言うと、まるで1000倍に拡大されたかのように、言葉が響きわたったのです。

Q 寺院に行くのに、費用はいくらかかりますか?

A 費用には、カルカッタまでの旅費も含めなければなりません。そこから寺院まで、800マイル(約1287キロ)ほどの旅路となります。それには、少なくとも250マイル(約402キロ)の徒歩での移動も含まれます。寺院への巡礼をする人々は、時間をかけて旅します。彼らはその国に住みついて、大概1年と4~5か月を旅に費やします。今後数年の内には、航空機によってよりアクセスしやすくなるかもしれません。

第3章

盲人、病人が一瞬にして癒される寺院

癒されて手の指が生えた人／礼拝や儀式は必要なく、寺院の波動が恩恵をもたらす

平癒の寺院について、さらにそれと大師方との関連について、詳述もしくは補足してくれないかという依頼を受けました。

この寺院では、大師方は時折瞑想のために集い、人々に指導します。流れが速く、土手ギリギリまで水面のある2000フィート（約610メートル）幅の川の水上を、最初は12人の一団、次に52人の一団が落ち着き払ってスイスイ歩いて渡ったのを目撃したのも、その寺院への巡礼の途上でした。残りの人間は、最寄りの橋まで4日間かけて回り道をして、ようやく数分で水上を歩いて渡った人たちと合流しました。

私たちは他の人たち同様に、川を歩いて渡ることができるのだと言われましたが、私たちの誰一人として、その試みをするほど充分な能力が自分にあるとは感じられませんでし

た。私たちは、自分が目撃した出来事の意味を把握することも、私たち全員が自由に用いるようになっている確固たる法則によってそれがなされたということを理解することもできませんでした。その後の寺院への旅の道中で私たちは、大師方と共に過ごした短期間の間に見たことや経験したことについて熟考し、目の当たりにした偉業を私たちも同様に成し遂げられる、という教えを受け入れようとしました。

私たち一行は、全部で300人ほどでした。私たちのグループ以外の巡礼者のほとんどは、癒しを目的としていました。エミール師が私たちのグループの統括的な責任者であり、ジャストとネプロウが、すべての調整を担当してくれました。

平癒の寺院は、個人の中に在るキリストを象徴しており、癒しの目的のために、一年中いつでも皆に開放してあるということです。寺院は理想を体現しているのです。さらには、こういう説明も受けました。大師方は巡礼者たちを容易に癒すことが可能であり、巡礼者は寺院への旅を省くことができるのですが、大師方の中に在るパワーは彼らの中にも存在し、従って彼らも大師方と同じであるということを巡礼者自身に学んでもらうために、あえて寺院の訪問を奨励することを習慣としているということです。

また、その持続的な癒しの利用のために、寺院から発せられる完全なる調和の波動は、「不調和な性質のものがその一部になることを一切許さない」という説明もされました。誰かが調和の言葉を発したときに、これが、まさしくその人の身に起こるということを私たちは学びました。さらには、確固たる思考パターンがあまりに長い間表現されてきており、その寺院では建物全体がそれを確実に吸収しているため、発信しようとする思考が寺院の波動に一致しない限り、それは言葉として発することができない、ということも言われました。

もしあなたの体が高次の波動に共鳴しているなら、低い波動と衝突するかもしれませんが、それは直ちに弾き返されるでしょう。そのような環境があの寺院にあることは明白です。寺院は少なくとも800年間、そうした環境にあるということを知りました。あなたがた自身も望むなら、今いる環境で、自分の体にその環境を構築することができると、私たちは信じています。

癒しの症例数と完璧さは、私たちにとって、奇跡の源です。寺院では、礼拝や正式な儀式は一切行われていません。寺院の波動による影響のみが、恩恵をもたらすのだということを私たちは学びました。萎《な》えた子供の体が一瞬にして癒されるのを目撃しましたし、手に指が生えてくるのも目撃しました。盲人、聾者《ろうしゃ》、病人が一瞬にして完全に癒されるのを目撃してきました。寺院に足を踏み入れる人は、みな回復して去って行くのです。そこで癒された人たちの数人とコンタクトを取れるのは、私たちの特権であり、すべての症例において癒しは永久的なものでした。

この寺院での大師方の仕事とその他の癒しの仕事は、自分のために癒しを行う誰かを探すのではなく、癒しというものは自分自身で行う必要があるということを指導しつつ、癒された人々の心に理想を形成するような方法でなされました。

すべては私たちの内に在り、それが「完璧である」と認める決意を

【質疑応答】

Q チベットが、こうした寺院が存在する唯一の場所でしょうか？

A インドとその他東洋諸国に存在することは知っています。確実な場所を知っているわけではありませんが、おそらくこれらの国々に存在するでしょう。私たち自身も、まだ見ていないものがたくさんありますから、寺院はチベット以外には存在しないということではありません。

Q 大師方の住処や僧院はどこにあるのですか？

A 住処はほとんどインドにありますが、チベット、中国、ペルシャにもあります。彼らが属する僧院はありません。彼らはなんの組織にも属していません。彼らはそれを友愛と呼び、独立して務めを果たしているのです。

Q 私たちはどうやって大師方とコンタクトを取り、これらの法則に取り組むことができるのですか？　法則を実践できなければ、援助が必要だと思います。

A 私たちはまずこれらの法則が存在するという姿勢を貫き、それから法則に取り組まなければなりません。大師方は、誰にでも手を差し伸べます。私たちが法則を受容するなら、それを顕現させ、それと一体になって生きることができるのです。

誰も、自分が持っているものを、人に与えることはできません。彼らにできるのは、あなたに方法を示すことだけなのです。

私たちは、我が内から物事を達成しなければなりません。なぜなら、すべては私たちの内にあるからです。それを外界に顕現させるには、それが自分の内に在ること、それが完璧であり、それが私たちのために在るということを認めることが要求されます。その決意こそが、実存をもたらし、自分自身に投影させるという時点まで、私たちを導くのです。

もし私たちが個性に依存するなら、私たちはその個性の虚像を造り上げ、法則を表現する理想を見失ってしまうのです。

Q あなたの書は実体験を記述したものですか？　それともインスピレーションによるものですか？

A 私の著作は3年と半年にわたって、大師方と共有した実体験を含んでいます。記述されたことはすべて、実際に起こったことであり、しかも物質次元で起きたことです。大師方は完全にスピリチュアルな環境で機能していますが、その環境は実のところ、私たちの物質次元と全く同じなのです。私たちは、もともとの出来事が起きたときのメモを持っており、著作に関連した体験は、すべてこのメモから引用しています。

私たちは、誰でも望む人を大師方のところに連れて行っていいと言われていました。私たちは、最も懐疑的な科学畑の人間を選びました。私たちは、そのときのすべてのレポートを所持しており、すべては私たちの結論と一致していました。皆が皆、初めは疑問を抱いていたものの、最終的には偉大な法則の存在を完全に信じるに至ったと述べています。

たとえあなた方が信じなくても、無理はありません。私たちも、こうした現象が普遍的に信じられるとは思っていません。私たち各々が自問すべきだと信じています。私たち自身がそれらを信じることができるレベルまで、これらの現象を表出させる必要がありました。遠征を続行する前に、こうした現象について私は数多くの経験をしました。私は疑念を抱きましたが疑念がクリアーになり、遠征に発つまで3週間とかかりませんでした。

大師方は同時に3つの体で活動することもできる

Q 人々が飲酒、喫煙、ギャンブル等、ありとあらゆる悪行をなしている現在の環境下で、どうすれば偉大な変容をもたらすことができるでしょうか？

A あなたが今使ったその表現そのものが、まさにその状況を現在起こさせている原因に他なりません。私たちがそのような思慮に欠けた表現を使うために、そうした状況を持続させているのです。「善きこと、完璧であること以外には存在しない」と言う方がよいのです。万物に全き完璧を見てください。

Q 言葉と思考によって状況は変わるという意味ですか？

A その通りです。他者がどう考えるかは関係ありません。自分自身がどう考えるか、それが状況を引き寄せるのです。私たちの思考が、まさに状況の創造者なのです。
そうした思考は極めてダイナミックなパワーを持つと同時に、本人に戻ってきかねないので、思考はそれを発信した本人を破壊さえするでしょう。なんとなれば、私たちに責任があると言えないでしょうか？

Q 大師方とは、いつでもコンタクトが可能なのですか？

A 可能です。大師方は誰からも離れていませんし、必要以上の分離は望んでいません。彼らは、自分たちを特定の場所に限定しないのです。万物は霊です。彼らはそのような姿勢で働いていますし、その姿勢においては、彼らは、いつでも、どの場所にも存在するのです。
万物が霊であり、彼らが霊の中で働いているとするなら、彼らが存在しない場所・時間は存在するでしょうか？　分離は、私たちの側が造っているのです。彼らが造っているのではありません。

Q 大師方が、同時に複数の体で活動することは可能なのですか？

A 私たちは、大師方が同時に３つの体で顕現している多くのケースを知っています。一人の人間が、４つの体で顕現していたことも一度ありました。

Q 奥義の世界に属する大師方は、人前に姿を現すことを禁じられているのではないですか？

A 私たちがそうした大師に遭遇したケースは一度もありません。沈黙を守って働くことを選択した大師方は多数いますが、それは大師方の選択によるものとは思えません。

Q 人間が複数の体で機能することを知っているというお話でしたが、イエスが別の体で機能することも可能なのでしょうか？

A なぜ、必ずイエスでなければならないのですか？　同じ霊が私たち全員の中に在るのです。

第4章

神から与えられた、あなた自身のパワーを使う

自分自身の内にある神とのコンタクトを通して、あなたは神に到達する

一つだけ、明白にしておきたいことがあります。それは、私の著書の中の数々の教えは、何一つとして私に帰属するものではない、ということです。それらはすべて、タイトルが示す通り、大師方から私たちに与えられたものなのです。私たちの仕事はそもそも科学的な研究でしたし、その研究に際して、大師方から援助していただいたのです。彼らのおかげで、私たちは研究を続行することができました。その援助がなければ私たちは文字通り、お手上げの状態だったでしょう。

大師方との接触を通して、スピリチュアルな恩恵を存分に受けたことは疑問の余地がありませんが、大師方との交流はすべての人々にオープンなのです。誰一人として、それを拒絶されることはありません。大師方との交流は、その人個人が生きている人生を通して、当人の意識の状態次第で、インドあるいはその他の地域同様に、あなたが今いる、その場所でなされるかもしれません。

アストラル界のことに関して、自分を惑わせないでください。**神から与えられた、あなた自身のパワーを使うのです。**あなたの思考を神のレベルに昇華させるのです。あなたの問題が何であれ、あなたは、そこに神を見つけることができます。大師あるいは教師は、あなたを援助することはできても、あなたの人生を生きることはできません。インスピレーションを求めるなら、彼らのもとを訪れるとよいですが、真理を求めるなら、神を求めるのです。

あなたが求めているのは、神だとあなたは知っているはずです。イエス個人を仲介するようなことはしないでください。自分自身のキリストを通して神に到達するのです。なぜなら、あなたがたの内に在るキリストこそが、神だからです。**自分自身の内に在る神とのコンタクトを通して、あなたは神に到達するのです。**イエスは、彼のパワーの源として、神を示そうとしたのです。

個人的な神に祈ることには何のメリットもありません。神を偉大なるパワーと見なし、そのパワーを要求するのです。祈りによって、あなたが普遍的な意識のパワーにコンタクトできるレベルまで、あなたの波動を高めます。あなたが自分の意識の中で永遠の生命に到達するなら、あなたはいかなるスピリチュアル・レベルにも到達可能なのです。誰もあなたに追従すべきルールを与えることはできません。あなたは自分自身で公式を編み出す他ないのです。

モーセは、バビロニア文書を明らかにする活動に従事しました。彼の著作のオリジナルでは、彼が発見して写したもともとの記録を参照しています。彼がそれを完成し損ねたため、翻訳家たちが後を継いで完成させようと試みましたが、失敗に終わりました。なぜなら、モーセは普遍的生命についての考えを述べようとしたのですが、それは一連の法則として引き継がれてしまったからです。

現在では、多くの人々が、神は常に人間の中に生きてきたことを再発見してきています。彼らは我利をベースとした伝統的な教えを超越してきています。この人々は、新しい理解を通して、ありとあらゆる制約を消去していくでしょう。

大師とのコンタクト／生徒に準備ができたとき、教師が現れる

【質疑応答】

Q 大師方とコンタクトするためには、事前にどのような準備が必要でしょうか？

A 私たちは特定の準備を意識したことはありません。大師方と私たちの交流は長期的なものでしたが、なんの準備もなしに、大師方とコンタクトした人々もいることを私たちは知っています。

彼らが、どのような思考のあり方をしていたかは知りませんが、おそらくは、彼らの熱意あるいは精神的なあり方が、大師方との交流を可能にしたのだと考えられます。私たちにとっては、彼らとの交流は極めて自然なものだったので、そのときの状況について研究したことはありません。

「生徒に準備ができたとき、教師が現れる」と言いますから、インドやその他の場所に赴く必要はありません。心の状態は、私たちの内にあり、私たちの側に準備が整った瞬間に、扉は開かれるのです。

Q 大師方とは、現在の私たちがそうであるように、肉体の姿で対面するのですか？

A はい、まさしくその通りです。私たちが日常生活でするのと同じプロセスで、彼らを写真に収めることができます。

Q それには、イエスも含まれるのですか？

A そうです。私たちはイエスが磔刑《たっけい》に処されたときと同じ体で現在も生きていることを知っていますし、そう公言することを憚《はばか》りません。外見的には大師方と私たちの間には、大きな差異は見当たりません。彼らの外見は、他のほとんどの人と比較して洗練されてはいますが、彼らを見分ける確固たる特徴はありません。

カルマの法則／カルマを手放した瞬間、もはやカルマを持っていない

Q 願望はすでに実在の中に存在すると知って具体化するか、あるいは明確な形にして声に出す方がいいのでしょうか？「私は○○を望む」あるいは「神のご意思がな

される」と言葉にすべきでしょうか？

A　「神のご意思がなされる」は、至高の心構えです。「〇〇は私のものである」と宣言するなら、それは自分自身を、自分が〇〇を所有することを受け入れる心の状態にします。何かがすでに自分のものとして実存の中に存在しない限り、それを思いつくことはできません。すべての表現は、そのことを念頭に置いて実行することができます。あなたは自分が求めるものと一つであり、それはあなたが引き寄せるためにあるという姿勢でいることです。

Q　もしイエスが肉体の形で現れたとしたら、愛するイエスを埋葬した人たちは、落胆するのではありませんか？

A　それはむしろ、最高の励みになるとは思いませんか？　彼はああした経験を経てなお、私たちが死と呼ぶものから完全に蘇《よみがえ》ったのです。それが何を意味するかというと、たとえあなたの友人がこの世を去ったとしても、彼らは死んでいない、ということです。死は存在しないのです。あなたが愛する人たちは、あなたが彼らの存在に気づいていないだけで、全員実相界の中に存在するのです。

Q どうすれば、カルマの法則を回避できますか？

A カルマを手放した瞬間、私たちはもはやカルマを持っていないのです。もし私たちが人生ですべてのことを成し遂げるなら、決して輪廻《りんね》転生する必要はありません。**カルマを受容するがゆえに、私たちはそれと取り組まなければならないのです。**多くの人たちは、輪廻転生を通じて地上に戻って来る必要があると考えています。

例えばあなたが、2プラス2は、3だと言ったとします。実際の答えはもちろん4です。それが3であると言ったからといって、あなたは法則を歪《ゆが》めたわけではありません。間違いを取り除きたいなら、3を消して、そこに4と書き入れればいいだけのことです。

自分がカルマを募らせているという思考が、法則を歪めていると考えるのも同じことです。それは、実際には法則を歪めてはいないのです。

Q 肉体は完全に克服する必要がありますよね。

A 肉体を完全に克服する必要はありません。ただ、より的確な表現をするなら、物質的な環境からスピリチュアルな環境へと、肉体が復活するということです。私たちが真の精神に到達したなら、その肉体は常に不死なのです。

なぜ肉体を克服するのか？　それは完全に美しく、純粋であるのに、そうではないという考えを克服するためでもあります。

第5章

臨界点を超えて

あなたがすでに手にしているものが、あなたの思考のすべてである

「私は在る」と個人との関連について、また「私は在る」に関係する個人の責任について述べてほしいとのリクエストを受けました。

「私は在る」の究極の意味は、個人の中のキリストです。それは、個人によって多くの相違があるかもしれませんが、それらの相違が、その人が「私は在る」に与える決定的要素なのです。「私は在る」は、常に前面に出て、神性を顕現している個人の中のキリストなのです。それが人間が属する場所なのです。そこが、彼にとっての高次の住処なのです。そこが彼が常にいた場所であり、これからも居続ける場所なのです。人間はもし試みたとしても、その姿勢から抜け出すことはできないでしょう。

多くの人たちは、これは非常に大胆な所説だと思うかもしれませんが、それを裏づける科学的な真実があります。この所説が事実でなかったとしたら、人間の体は現在存在して

いなかったでしょう。私たちは皆、特定の波動の周波数で顕現しています。私たちはその波動を下げることも、その定位置を維持することもできます。人間は、その姿勢から、決して自分自身を引き離すことはできません。科学者たちは全員、もし人間が自分の真の波動から一瞬でさえ自分を引き離してしまったら、彼の体は木っ端みじんに弾け飛んでしまうであろうことを、口をそろえて容認しています。

言うまでもなく、人間が自分自身に対して受け入れる決定要素は多く存在しますが、それは自分自身の思考のあり方次第なのです。あなたの思考のあり方のみが、あなたが構築した決定的要素なのです。それは、「私は在る」にも、キリストにも、何ら影響を及ぼしません。あなたはその投影によって、体の波動を下げることができます。私たちは、体の波動を下げることがどんな結果になるかを確かめることができます。もし私たち全員が、自分が属する場所に位置するなら、調和以外の何ものも存在しないでしょう。私たちは、音楽のマスターのところに初めてレッスンを受けるように送り込まれ、ハーモニーを学ぶ前に、非・ハーモニーを学ぶべきだと主張している小さな子供のようなものなのです。

どんなときでも、人間の神性は、彼にとってより高次のあり方なのです。それは、あらゆる状況において証明することが可能です。私たちはそれを、写真で示すこともできます。もしあなたが、自分の本来の住処にしっかりと位置しているときには、あなたの体は閃光《せんこう》を放つでしょう。あなたの体から光が放射されるのをお見せすることができます。あなたがそのあり方を維持し続けるなら、4～5秒後には体の周囲の仄《ほの》かな光だけをフィルムで確認することができるのです。

従って、あなたは、精神的なあり方以外の何ものも写真に撮ることができないのです。真の光の放出のみを、フィルムに収めることができるのです。このことは結果的に、「私は在る」の存在を証明することになります。もし存在しなければ、あなたはそれを写真に収めることができなかったはずです。

私たちは必要なものをすべて大気中から取り出すことができる

もし、より高次のあり方が実存の中に存在しなければ、あなたはそれを思うことすらできないでしょう。このことが証明されることには、疑問の余地がありません。体を完璧な状態にするための掛け算のようにシンプルな数学の公式が、間もなく発表されることになるでしょうと、私は最近発言しました。実存の中にすでに存在せず、かつて用いられたことのない科学的発見というものは存在しません。その波動はすでに存在し、キャッチして活用できるような状態になっているのです。

これらは、かつての文明よりも、より高次で、より偉大な物事へとつながるかもしれません。この文明は他のいかなる文明よりも、偉大なる達成をしています。まさにこの国において私たちが現在享受しているよりも、より素晴らしい成果へと続いた文明が存在したことを、私たちは知っています。

私たちは、彼らが成し遂げたことを、ちょうどイメージし始めています。私たちは、それよりもさらに偉大なことを成し遂げようとしているのです。これが、イエスが次のように言ったときに意味していたことなのです。「私がなした業をあなた方もなすであろう。これらの業よりもさらに偉大な業をあなた方はなすであろう」。その業は超常現象と見なされ、神秘的な様相をとっていましたが、それは完全に自然な現象だったのです。

科学は、こうした「神秘」をすべて解明しつつあります。科学は、自然界には「神秘」というものは存在しないということを明らかにしようとしているのです。科学は現在、「私たちは必要なものをすべて大気中から取り出すことができる」とあなた方に伝えるでしょう。ただ、私たちが自然のゆっくりとしたプロセスを加速化させない限りは、それは素晴らしいものとはならないでしょう。

臨界点にいる私たちは、なぜさらなる前進をしないのか?

イエスがパンや魚を何倍にも増やしたとき、それは超常現象だと表現されました。人間はそれをこのように名付けたのです。もし現代の人間が前面に出て、自分自身をキリストと名乗るなら、キリストが前面に出る以外に何が起こるでしょう? これらのことは神秘の範疇《はんちゅう》から取り出され、太陽光の下にさらされるかもしれません。こうしたことがまさにこの国で達成され、あなた方はその目でそれを目撃することになるのです。私たちは、未来の事柄について語っているのではありません。それらは、今ここに在るのです。それらを今私たちから遠ざけ続けているのは、私たちの心のあり方だけなのです。

私たちがどれほど長いこと現代の発明を遠ざけ続けてきたか、考えてごらんなさい。15年前には偽物と名付けたものを、現在私たちは受け入れ、私たちは全くそのことに無意識で生きています。物が実存へともたらされる認識の方法が、物にその価値を与えるのです。

私たちの祖先が、ロウソクから電気へと移行したとき、電気はすでにそこに存在しました。彼らに必要だったのは、フィラメントを作って、そこに電流を流しさえすれば、電灯が得られるのだと知ることだけだったのです。現在私たちは、電気が使用されるその仕組みそのものに完全に無意識でいます。私たちは、ラジオその他の発明品が使用されているのを知っています。私たちは現在、数多くの素晴らしい物事の臨界点にいます。なのに、なぜ私たちは一歩前進し、これらの物事と一つだと宣言するのをためらうのでしょうか？

私たちがパワーにアクセスしないのなら、自分自身をパワーから引き離してしまうだろう

【質疑応答】

Q　自分自身のキリスト意識を超越すると、どのようなパワーにアクセスできるのでしょうか？

A　自分自身のキリスト意識を超えたパワーなど存在しません。人間は前面に出るとき、パワーと一つなのです。彼がそれにアクセスした瞬間、彼はそれと一つなのです。
　人間が自らのパワーに一切アクセスしないとしても、それは、神の落ち度ではありませんし、パワーにはなんの違いも生じません。それは、あなた自身の決意次第なのです。もし私たちがパワーを、自分自身を超越した何かだと認識するなら、私たちは退歩しているのです。**もし私たちがパワーにアクセスしないのなら、私たちは自分自身をパワーから引き離し続けてしまいます。パワーはまさに自分の内に在り、他のどこにも存在しません。**

Q あなたは、宇宙に在るすべてのパワーは私たち自身の内に在ると主張するのですか？

A パワーの出発点が、まさにあなた自身の内に在るのです。それは、常にそこに存在し続けており、そうでなければ、私たちは決して理想を表現しなかったでしょう。自らが達成できないものは、そもそもそれをイメージすることさえできません。

人間にとって、神のパワーを表現するために実存へと顕現させることは必要なことです。なぜならそれこそが、神が実存へと顕現される唯一の媒体だからです。もし私たちがその表現以下に低下するなら、それは自分自身が選択した決断です。高次のあり方を表現するあらゆる瞬間に、あなたはキリストを体現しているのです。

Q もしあなたが自分自身を非・キリストだと宣言しても、莫大《ばくだい》な富の取得を達成することは可能ですか？

A 人間は何かを達成するたび、キリストを体現しているのです。彼がそれについてどのように考えるかは関係ありません。彼がいかにして達成するかも、関係ありません。達成することを通して、彼は真実の受容へと導かれるのです。

人間は、非・キリスト的なことをするかもしれませんが、それでも彼がキリストであることには変わりありません。彼はキリストではないあり方で自分自身を捉えるに過ぎず、それによって利己的なことを達成するかもしれませんが、その代償を払うことになるのは彼自身です。

Q 植物の生命も痛みを経験し得ると立証しましたね。

A そうです。ただそのためには、人間が痛みを植物に課す必要があります。人間が自分自身に課す状況が、彼に痛みを生じさせるのです。けれども、人間がそのような状況を課す脳の特定の場所が完全に空白になっている場合、その人は人間に対しても、植物や動物に対しても、痛みを課すことは決して考えもしないでしょう。

Q 人間が神を崇拝するのに、どのような方法で行うかによって違いはありますか？自分自身の内に在る全能の神を振り落としてしまうことはあり得ますか？

A ありません。

成功しない人間は「私は知っている」レベルまで自分自身を高めない人

Q 不死性は、身体的に証明することは可能ですか?

A はい。身体的にも精神的にも可能です。医師が死を宣告した後の人間の不死性を写真でお見せすることができます。私たちは物質的な体を観察していますが、カメラはその光の放出を捉えます。それは知性と意志のパワーを備えています。私たちが死と名付けるものの後にも、生命は存続するのです。

Q もしあなたがそうした証拠を持っているなら、それを公表することによって、人間の心から莫大な重荷を取り除くことになりますね。

A ごく普通の人間がそれを容認するまでに、多くの例証と証拠が必要になるでしょう。マルコーニがラジオの実用的な利用へと決断するまでに、数年の歳月を要しました。世界の科学者たちは、当初ラジオを偽物だと宣言したのです。現在では、私たちはそれを日常のあらゆる場面で使用しています。X線写真にしても事情は同じでした。

それは、悪魔の創造物だと呼ばれたのです。

Q なぜ「私は在る」が機能していないのでしょうか？

A ジョーカー（障害）は、人間の側にあるのです。決意するか、しないかは、人間次第です。人間が決定的要因なのです。成功しない人間は「私は知っている」レベルまで自分自身を高めない人です。他者が何をしているかは問題ではありません。「私は、神の仕事に関わる必要がある」——。イエスは、決して神の外界に生きたことはありませんでした。神が法則なのです。もし人間が神あるいは法則と一つになって生きるなら、その人は、イエスよりも偉大なことを達成するでしょう。「彼がなす業よりも、さらに偉大な業をなすであろう」——。イエスは、人類がより偉大な業をなすであろうことを知っていたのです。

第6章

神性の御業／なぜ人間は神を畏れるようになったのか？

恐れ／その恐怖を教えられたこともないのに、なぜ発現できるのか？

近年まで西洋世界においては、自らを神性だと主張する人間は、異端者呼ばわりされていました。一方東洋では、自己が神性以下であることを容認することが異端であるというのが、そのスタンスです。では、どのようにして西洋世界は、神性を主張する人間に異端というレッテルを貼ることを容認したのでしょうか？　それは、単に誰かがそれは異端だと発言しただけに過ぎません。自分自身について考える代わりに、誰かの言葉を選択したのです。

人間は、神を畏れるよう教えられてきました。もし何かの動物を恐れなければ、その動物は私たちに危害を加えないことが現在ではよく知られています。同様に、私たちが何らかの状況を恐れなければ、その状況は私たちの人生に発現できないのです。では、人類に属する最も偉大な決定的影響力――人間の真の神性――を、どうして私たちは恐れることができるのでしょうか？　その恐怖を教えられたこともないのに、どうして私たちはそれに対して恐怖を表現することさえできるのでしょうか？

「誰か一人の人間が達成できるのなら、それはすべての人にとって達成できる」とイエスは私たちに言いました。法則が存在すると気づいた瞬間、これは可能になるだけでなく、絶対的になります。

私たちは、そうした積極的な心の持ち方による奇跡的な現象を目の当たりにしましたし、前進してくる盗賊団を前に、一人の人間がどのようなことを成し遂げることができるかを、目撃しました。この出来事の詳細については、『ヒマラヤ聖者への道　第3巻』で詳述しました。これは盗賊団のエネルギーを、彼と彼の近隣者の防御に変換する神性の御業という、一人の人間のパワーを明らかにしています。盗賊団に表現された愛に対する彼らの抵抗は、彼らが放出していた破壊のエネルギーを彼ら自身に跳ね返す結果となりました。

これこそが現在の戦争を変容している状況であり、それは最終的には戦争をなくしてしまうでしょう。現在では、数千だけでなく数百万にのぼる人々が、戦争に「ノー」と言っています。文明が消え去るのではなく、戦争を宣言する国家や個人が消え去るのだと発言する人々の数は、充分な数に達しています。

アファメーション（宣言）は必要ない。キリスト意識を表現すること

【質疑応答】

Q 数多くのイエスの教えを述べていますが、それらは新約聖書のそれとはいくらか異なっています。新たな訳のバージョンが出る可能性はありますか？

A 原語であるアラム語からギリシャ語への訳出に取り組んでいる人たちはいます。作業は、さらに4年間かかるだろうと言われました。それは、新約聖書としてリリースされることはないと私は思います。

現在では、創世紀の第1章と第2章の間に、20万年の歳月が経過していることが知られています。モーセがフトイ（草）の中で発見されたと報告されたとき、彼の年齢は90歳だったでしょう。物語は純粋な寓話《ぐうわ》だったのです。

Q 苦悶《くもん》している人々に、どうやって建設的な思考を伝えるべきでしょうか？

A 彼に神を表現するのが、至高の方法です。そうすれば、私たちは彼を苦悩から引き揚げる手助けをしているのです。神を表現すれば、どのような状況も正すことができるのです。

Q キリスト意識を実現させるためには、そのことを自分自身にアファメーション（宣言）すべきでしょうか？

A キリストを表現することが必要であり、それはアファメーションよりも遥かに有効です。なぜなら、キリストを表現した瞬間、私たちは自分自身をまさにキリストと見なすからです。

私たちが混乱しない限り、アファメーションは私たちを実現へと導くでしょう。イエスは言いました。「私は、すべての顔、すべての形体にキリストを見る」と。この世界に最初の人間が誕生したとき、キリストが誕生したのです。あなた方にはアファメーションは必要ありません。問題は、私たちは自分の両足で立つ代わりに、何かを松葉杖代わりにしてしまうことです。

Q　聖書にある主の教えは、真正の訳でしょうか？

A　それはユダヤ語の真正の訳ですが、イエスによって書かれたものではありません。

Q　「精神」と「魂」の違いは何ですか？

A　違いはありません。あなたは、それを分離することはできません。精神・魂・肉体は一つです。

第7章

完全なる調和、完全なる統合へ

人類が到達する完全なる調和、完全なる統合へ

イエスは「我が父こそが人類が達成すべき法則であり、生きるべき人生であり、彼の行いと教えの間には、なんの神秘もない」と説きました。

法則は変えることができません。あなたは自分が望む限り、それを永遠に見過ごすことは可能ですが、あなたがそれに立ち返った瞬間に、完璧な状態に立ち返ることでしょう。あなたの体には、その決意の結果が反映されます。その法則を知り、それを活用する人は、水上を歩くことをためらいません。皆さんは度々このように教えられてきたでしょう。もし一人の人間が努力して成し遂げることに成功したなら、全員にできるのだと。そのパワーは常に存在してきましたし、これからも常に存在し続けるのです。では、なぜそれが遠ざけられてきたのでしょうか？　その理由は、私たちが不信のバリアを張り巡らせているからです。

機械的な装置を実相界へと発現させるパワーは、装置を即座に実相界にもたらすことができます。私たちは現在電話によって、遥かな距離を隔てて会話することができます。しかしながら、なんの装置も用いずに、膨大な距離を隔てて会話できるたくさんの人たちもいます。テレパシーは確固たる事実として認識されています。メンタルな力によるテレパシーには、偉大なパワーが含まれています。それは神が神に話しかける行為なのです。こうした発言は、神に対する冒瀆であると言う人たちもたくさんいることでしょう。でもこの発言は、「私たちは現在生きている」という発言と同じくらい厳然とした事実なのです。人類は常にポジティブな影響下にいた方が、ずっと好ましいということを知ることになるでしょう。そのとき私たちは、大いなる前進を遂げたことになるのです。

これは私たちグループに限られた結論ではありません。数多くの人々とグループが、同じラインに沿って活動しています。こうした事実を活用することによって、**人類が到達し、人類が属する場所である、完全なる調和、完全なる統合へと私たちは導かれていくでしょう。**

さて、人類の大多数がこうしたことを現在信じているかどうかは、全く問題ではありません。事実が証拠なのです。イエスが死を克服したと語ったとき、彼は真実を語りました。現在ではこの真実を知っている非常に多くの人たちが、肉体は不死であり、純粋であり、完璧であり、破壊できないということを知るでしょう。神秘は過ぎ去り、私たちは完全なる理解のゲートに立っているのです。

すべての子供は生まれながらに完璧。それを貶めているのは人間の思考だけ

【質疑応答】

Q 薔薇十字団と神智学は、「イエスの体は誕生から30年のあいだに準備され、その後霊魂が支配するようになると、イエス個人は体から退き、キリスト精神が3年間体を使用した」と教えています。

A それは部分的には真実です。真相はこうです。すべての女性は、純潔な誕生のために準備されています。すべての子供は、生まれながらに完璧です。それを貶《おとし》めているのは人間の思考だけです。誕生するすべての子供は、キリストの子供なのです。初

期の薔薇十字団はそう説きました。今彼らは、さまざまな翻訳によって誤解釈されてきた仏教の概念を教えています。

あなたがたの教会は、イエスは神の子であり、私たちは罪の中で孕《はら》まれ、邪悪の中に誕生したと教えているでしょう。それは誤りです。もし私たちがすべての子供を常にキリストとして見るなら、決して現在のような状況にはなっていなかったでしょう。イエスの人生は、全くもって現実的でした。彼は自分のなした業を奇跡とは一切主張しませんでしたし、人間ができないことは一切行いませんでした。

イエスが「私が唯一の神の子である」という考えを表明したと、あなたがイメージすら抱くような記録は一切存在しません。聖書には多くの真実の翻訳と誤った翻訳が入り混じっています。もしもイエスが、自分だけが神の子だと宣言していたとしたら、彼は決してキリストにはなれなかったでしょう。彼はただ単に、世界にキリストを表明したのです。彼は人類が追従できる理想を表現したのです。

彼は人類を正すため責任を負ったわけではありません。中には彼が唯一の神の子だと宣言する人もいますが、イエスの足跡をたどるのなら、彼らも自動的に神の子となるでしょう。イエスは、人類を高める波動を送ったのです。全世界の波動を高めるという思考を抱くとき以上に崇高な心の姿勢は存在しないので、これ以上に、何かを成し遂げるのに成功する姿勢はないでしょう。もし私たちが完璧の外側で生きているとしたら、私たちの体は木っ端みじんに砕け散ってしまうでしょう。その場所はあまりに倒錯しているため、私たちの体はそれがもともと存在していた物質へと還ってしまうでしょう。

アセンションは人類にとって正当な遺産／完璧さを見る人物がマスター

Q すべての人類は、一度の転生でアセンションすることができるとお考えですか？

A はい、今この瞬間にも。アセンションは人類にとって、正当な遺産なのです。それは、私たちのために、今ここにあるのです。それが、もしすでにここで達成されていなければ、私たちはそれを思いつきもしないからです。

Q たくさんの人たちが達成していると思いますか？

A はい、数千に及ぶでしょう。50年前にはそのような表明をするとは頭がどうかしている、と人々はあなた方に言ったことでしょうが、インド人は数百年にわたり、この概念を生き続けてきたのです。

Q もしも、大師と病人がこの部屋にいたとしたら、病人の病気は癒されるでしょうか？

A 十中八九癒されるでしょう。とはいえ、大師がこの部屋にいたとしても、もし病人が完璧さを見なかったとしたら、彼は癒されることはないでしょう。**完璧さを見る人物が、マスターなのです。**あなたがキリストを表現するなら、病気の状態はそもそも存在し得ません。そのときあなたはマスターであり、完璧さをマスターしたのです。それは自分自身に神性を表現するすべての人の場所なのです。

Q 私は目に見える形でイエスと対面し、会話をしたいと望んでいます。

A あなた自身以外に誰があなたをイエスから遠ざけているのでしょうか？　イエスを遠ざけている自我を手放してください。あなたがなすべきことはただ一つ。彼は今、ここにいるのだと受容することです。あなたの願望が正当なものである限り、あなたは直ちにそれを達成することでしょう。

Q あなたは、イエスとのコンタクトを意識的に行ったのでしょうか？

A 私は決してイエスとのコンタクトを求めたわけではありません。私はありとあらゆるものに対して、ドアを開放しただけです。

第8章

支配権は人間の掌中にある

すべてのパワー／私たちそのものであり、神であるパワー

なんのアドバイスも受けていなければ、聖書が誤訳と改竄《かいざん》で不明瞭《ふめいりょう》となっている事実に疑問を抱くことはありません。私のこの発言は、いかなる意味においてもその教えを廃棄することを目的としているわけではなく、より良い理解をもたらし、より優れた定義のために、必要に応じて私たちが進化したことを示すためです。私たちは今、現実の光に目を据えているのです。

あなたは聖書から4つの物語を抜粋することができます――2つは、前から読むことによって、残りの2つは後ろから読むことによって。その理由はなぜでしょうか？　聖書は、その教えを曲解していた老齢のカルデア人司祭を惑わすために、そのように執筆されたのです。この理由によって、その教えは完全に神秘的なものとなったのです。

最近の講演の後、一人の紳士が主の祈りの翻訳を持って私のもとにやって来ました。彼

は原文から各々の言葉を抜粋し、語根まで遡ったのでした。彼の持参した翻訳は、イエスの祈りの姿勢が懇願ではないことを示していました。彼の祈りは単なる祈願を超えて、意味深長でした。その翻訳は次の通りです。

「このようにして、あなたは崇敬をもたらし、あなた固有のパワーを向けます。この精神のパワーの実践によって、あなたは生まれ変わり、それは、あなたを天上の故郷へと高めます。あなたは私にこの生命の光を与えます。そうすることによって私たちが、不調和の刈り入れから逃れられるように。それを刈り入れる収穫者あるいは罪人を溶解し消し去れるように。否、肉の状況による危機から私たちを引き上げるように」

以上は、極めて直訳の翻訳です。口から口へと伝承されるうちに、民話が主の祈りに忍び込み、そこかしこで文章が変更されてしまいました。現代に生きる人々は、本来の意味を把握し直す必要があります。今私たちは、私たちを貶めていると信じる状況から抜け出すかもしれません。

何かを求めるのに、乞う必要はありません。ただ、私たちの思考を高めて、創造のパワーである、内なるパワーへと敬虔《けいけん》な心で立ち返ればいいのです。私たちがそれのみを見据えるとき、すべてのパワー――私たちそのものであり、神であるパワー――は、私たちになだれ込んできます。そのようにして、神との意識的な統合によって、私たちは毒草を刈り入れるのをやめ、神の法則と調和した未来を創造し始めるのです。

人間は罪という言葉を繰り返し、自分のみならず、人類全体にも押し付けている

人類が自らの過ちの深みに嵌《はま》っているなら、人類は引き上げられなければなりません。人々は自分が蒔《ま》いたものを刈り取ってきました。けれどもその状況を手放すことによって、自分自身を解放することができます。それこそが唯一の赦《ゆる》しなのです。赦すことによって、彼らは赦されるのです。それは、神が許可するのではありません。人間の側が法則に従って取り組むべきなのです。

私たちは、罪という言葉を繰り返します。そしてそれを繰り返すたびに、私たちは自分

自身のみならず、人類全体にもそれを押し付けているのです。子供は罪の中で孕まれ、邪悪の中に生まれると、よく言われていますが、これほど真実に程遠いことはありません。私がイエスの声明の中で気に入っているものは、次の言葉です。「私は、すべての顔と、すべての形体にキリストを見る。最初の子供が生まれたとき、キリストが誕生したのである」

私たちが、子供を自由にさせておくなら、彼らを決して貶めることにはなりません。彼を取り囲む影響が、彼を完璧に維持するでしょう。私たちに必要なのは、彼にキリストを見ることだけなのです。私たちがその子供をキリストとして表現した瞬間、私たちは至高の悟りの中で、子供と自分を統合させるのです。もしたった一つでも、私たちの体の原子が配列を誤ったら、私たちの体は存在しなくなってしまいます。イエスは、キリスト以外の思考のあり方を選択しませんでした。彼は人類に対して、人類が表現可能でかつ表現すべきであるものを、率直でシンプルな方法によって示したのです。

イエスはキリストを体現し、キリストの定義を与えました。それが、人間が神あるいは法則を宇宙に還流させる心のあり方なのです。これをなすにはエネルギーが必要ですが、エネルギーそのものが、体の中に組み入れられていく仕組みになっているのです。

あらゆる心のあり方に対応した周波数や次元に生きている私たち

私たちは、こうしたことを達成するためには、幾度も転生を重ねなければならないということを何度も耳にします。けれども、この人間の形体はあなたが望む限り、何であれ達成することができるのです。どんな方法であれ、制約を課すことはできません。あなたは自分が望むならば、無限に不調和でいられるのです。しかし、あなたがそこから退いた瞬間、あなたはそこから抜け出るのです。イエスはそれを「瞬きしている間に」と表現しました。それは、私たちが転生に次ぐ転生を経験する必要があるという意味ではありません。彼が語ったとき、彼は自身の経験から語ったのです。

今回が彼の再臨の37回目だと言われたとき、それは転生を通してということを暗示していたわけではありません。彼は、「それは、彼に示されてきた大いなる悟りによる特権である」と言いました。彼はどの惑星であれ、あるいは私たちの知らないどの次元でさえも働くことができるのです。イエスに追従し、より偉大な波動の影響下で生き、似たような経験をした多数の人々がいます。

キリストとして不動を保つことのできる人間の様相は一つではありません。イエスは、決して自分だけがキリストを体現している人物だとは主張しませんでした。おそらく彼は、多大なストレスと誤解の中で36回再臨したに違いありません。他の多くの人たちも同様でした。もしこの事実がなかったら、人類はずいぶん前に大いなる理解を失っていたことでしょう。

生きているときのあらゆる心のあり方が、特定の波動の影響あるいは周波数に対応しています。私たちは、特定の状況に対してとる正にその姿勢によって、それに対応した次元に生きているのです。従って、私たちは思考を進化させるときのみ進化できるのです。理想を投影すれば、私たちはそれを達成するのです。今、この瞬間にも、私たちは理想を投影することができ、その瞬間ごとに理想はさらにより偉大になっていくのです。

私たちはその達成に向けて、確固たるラインに沿って投影するのです。私たちの問題点は、理想を投影はしても、それが直ちに目に見える形になって現れないため、そこから引き返し、実相界へと顕現させるのをやめてしまうことです。疑いを抱いた瞬間、私たちは自らに壁を造ります。それは、私たちが思考によって崩壊させるまで貫通することができない壁です。

支配権は私たちの掌中にあるのです。私たちは、それを実際の事実とすることができるのです。何であれ、私たちは乞い求める必要はありません。それは不動のパワーであり、まさにそのものと一つになることなのです。

神の化身「アヴァター」が示す道は、万人にとっての道となる

【質疑応答】

Q 波動の変化は、心のあり方によって引き起こすことができるのですか？

A その通りです。心のあり方によって波動はすべてコントロール可能なのです。私たちが取る心の姿勢が、変化を起こすのです。

Q 私たちは、意識的に体の波動を高めているのでしょうか？

A 私たちは、波動を高められるよう意識的になることができますが、私がそれに関して抱いている見解があります。あなた方は、神という言葉を発していながら、言葉を発する前に反応していた低い周波数の波動のままでいることはできない、ということです。

私はエンジニアであり、教師ではありません。私たちは、これらの相関性を見極めるために、目的をもって研究を進めてきました。もしそれが何ももたらさず、実際的でないなら、私たちはそれと一切関わるつもりはありません。私たちは、神という言葉にはパワーがあると信じています。

Q チャンダーセンは、死から蘇ったのですか？

A チャンダーセンが一度死んだことは明らかです。私たちの一団の中の一人が、彼の体に手を当てて、無呼吸であることを確認しました。そこにエミール師が現れ、チャンダーセンの死亡を告げました。しかし、彼が再び体に戻るよう彼をサポートするのは容易なことだと告げられました。イエスと他2人が現れ、私たちは全員チャンダーセンの体が横たわるソファーの周りに集まりました。その後体は消え、数日後、チャンダーセンは40歳くらいの男性となって現れたのです。そのときの会話は著書に記録してあります。

Q あなたが話した文明の時代には、人々はスピリチュアルな人生を実現していたと推測されますが。

A その通りです。彼らは人間のアイデンティティとして至高の概念を持って生きていました。彼らは、自分が望むすべてを達成していたのです。現代のマスターたちも、ちょうど同じように生きているのです。

Q 私たちは、自分以外の誰かをあがめなければならないという考えをあなたが打ち砕いてくれて、とてもうれしいです。

A 「神のみを見よ」と言うのは、かつての説教の中で最も偉大なものです。この心のあり方においては、なんの間違いも起こり得ません。人間はお決まりの落とし穴から抜け出さなくてはなりません。マスターは道をガイドしてくれるのみです。あなたがキリストを達成するとき、キリストが自分に属することがわかるでしょう。

あなたがそれを主張しようとしないならば、あなたは常に外界に留まらなければなりません。あなたがそれと統合するなら、あなたはそれを追放しておくことはできません。

Q ということは、これまで神智学の分野にいた人たちは、間違った道にいたということになりますね。

A 必ずしもそうとは言い切れません。それは、あなたを達成へと導く手段だったかもしれないからです。

Q こうした教えは、イスラエル人たちよりも前に存在していたのでしょうか？

A いいえ、これらはイスラエル人たちの教えです。

Q 神の化身「アヴァター」は神の法則に近いですが、それが彼らのメッセージの神髄ですか?

A そうです。彼らが示す道、あるいは彼らが生きる人生は、万人にとっての道となるのです。

第9章

アトランティスとムーの人々／偉大なる達成の理由

アトランティスとムーでは人生の物質的な側面を見ず、スピリチュアルな側面のみを生きていた

科学は地球の進化の物語の真実を急速に解き明かしています。私たちはアトランティスの物語同様、太平洋の海中に沈んだ大陸であるレムリアについても学んでいるところです。アトランティスとして知られる特定の大陸が存在したかどうかは断言できませんが、地球を取り巻く一続きの大陸が存在したことには、確固たる証拠があります。

当時の人々は共通の言語を話していました。私たちの言語は、その古い言語から多くの言葉を使用しています。その大陸はムーとして知られ、その人々はパンとして知られています。アトランティスとは普遍的人類という意味で、彼らは単一の人種、単一の国民によって、地球上で共通の言語を話していました。彼らは単一の国民として、さらにほとんど一つの家族として生活していたのです。

アトランティス時代が終焉《しゅうえん》の頃、特定の人たちが避難所に連れてこられ、彼らの中の生存者によって新たな人種が誕生したのです。これらの人々は人生の物質的な側面を何一つ見ず、知らずに、人生のスピリチュアルな側面のみを生きていました。これが、彼らが偉大なる達成をした理由です。彼らにとっては、すべてがスピリチュアルでした。すべての達成は、スピリチュアルと名付けられた科学的事実のもとになされたのです。すべての現象に対して、完全なる理解がありました。初期のサンスクリットの記録は、彼らの生活と達成について洞察をもたらしてくれます。彼らは確固たる姿勢で生き、考えたのです。

私たちは、彼らが生きたものをようやく達成し始めてきたところです。ちょうど私たちが電気、航空機、ラジオと共に生活しているように、彼らも特定の場所を拠点として交流し、その地点から持続的に交流を取り続けたのです。私たちの本部が活動しているゴビの都市から、テネシー州ノックスビルから30マイル（約48キロ）ほど離れた遺跡の都市と、彼らは交流を取り続けたのです。

私たちが現在知っているどんなものよりも、遥かに優れた芸術と科学の活動が行われていた文明が存在しました。その文明はブリティッシュコロンビア・コースト、メサヴァード、さらに私たちが調査した遺跡である、国境から160マイル（約257キロ）離れたメキシコの都市の各地に存在していました。私たちは、そのメキシコの都市がコロラド川上流の大きな湖から水を引いていたことを証明することができるようになると確信しています。コロラド渓谷は10万年の歴史があります。当時の人々は導水管を造り、その上を美しく舗装しました。遺跡が大規模であるため、発掘のプロセスは遅々としています。

私たちの目的は、すべての記録を発掘し、世界がそれを自由に活用できるようにすることです。大師方の助力もあって、私たちの物質世界の知識を遥か遡り、それらの記録を翻訳することができました。私たち自身が抱えていた制約により、世界がそれにアクセスしていいと私たちが感じるレベルまでこれらの記録の真贋《しんがん》を証明できずにいました。

最近私は、私たちが40年以上にわたって取り組んできたことを達成しているグループとコンタクトを取るに至りました。私たちのアプローチの方法と、彼らの公式は同じものでした。そうしたことは、偶発的に起こるものではありません。高次の意識は急速に世界のムーブメントとなりつつあるのです。彼らがその光を見た瞬間、彼らは多くの回り道をスキップしてしまうのです。

曽祖父がインドでエミール師に出会う。大師は５００歳を超えていた

【質疑応答】

Q マスターはどんな活動をしているのですか？

A 彼らは人類を援助しています。それだけが、彼らにとって必要な唯一の行動です。私たちは彼らが目に見える外的資源の供給なしに、数千人の人びとを養うのを見てきました。彼らは、必要とされているものを、ただ手渡すだけなのです。

Q そうした大師方の写真を、いつ著書に掲載するつもりですか？

A 今後予定している旅行の際に、エミール師の声と動画をお見せすることができるようになることを望んでいます。

Q 大師方は、私たちになんらかのインスピレーションを与えてくれているような気がします。

A 至高のインスピレーションは、彼らと一つになることです。思考は言葉よりも偉大です。私たちはネガティブな思考にもオープンであり、それらを取り除けるほど強靭《きょうじん》ではありません。それでも私たちは可能な限り多忙でいて、しかもキリストを表現することはできます。私たちが完璧を崇拝するなら、それは実現せざるを得ません。

Q 覚醒［悟り］の正しい手順は何ですか？

A まずは個人の覚醒です。**個人の覚醒がグループの覚醒につながります。グループが覚醒することによって、国家の覚醒につながります。国家が覚醒することによって、世界の覚醒につながります。**

Q あなたのご家族がエミール師と最初に出会ったときの経緯を教えてくれますか？

A 私の曽祖父がエミール師に出会ったのは、曽祖父が初めてインドを訪問した直後のことでした。その後ある出来事によって、彼と非常に親密な間柄になったのです。

曽祖父は通常のハイウェイに沿って発掘作業を行っていました。すると一人の男性が近づいてきて、「主要なハイウェイはやめて、別のルートを試してみてはどうか」と提案したのです。曽祖父はそれは特異なことでしたが、なんの質問もせずにこの男性の提案に従うことにしました。彼は曽祖父の一団に加わり、翌日には去って行きました。

数日後、盗賊団に関するニュースが耳に入ってきました。彼らは曽祖父たちがもともと発掘作業をしていたコースをとっていればいたはずの場所と時間に、ハイウェイをたどってきたのです。その一件以来、曽祖父は彼と連絡を取り続け、私の家族はそれ以降、彼と交流し続けてきたのです。

この男性は500歳を超えていました。私の家族は、300年以上にわたる彼の記録を所有しています。その記録は、彼が500年以上生きていることを示しています。もしその人が500年生きることができるのであれば、5000年だって生きられるはずです。エミール師は、40歳を一日も超えていない年齢にしか見えません。

なぜエミール師はアセンションしないのか？

Q なぜエミール師はアセンションしないのですか？　しようと思えばできますよね。

A もちろんです。誰でもできます。ただ問題は、人類にとって最も奉仕できる環境から体を持ち去るかどうか、ということなのです。大師方の人生は人類への奉仕であり、彼らは生命への干渉は一切行いません。

Q 私が理解する限り、大師方もイエスと同じようにアセンションできるのですよね？

A イエスの体は、十字架にはりつけにされる前に変容しました。彼は誰も彼に危害を加えることはできないことを知っていました。イエスは、彼らが自分の体を持ち去り、それを破壊してもそれを再創造できることを確実に知っていました。彼の行動は、それを人々に示すことだったのです。すなわち、奇跡など何一つ存在せず、それが完全に自然な現象であるということです。

あなた方は、自分が望む場所に自分のビジョンを投影するならば、今にでもその場所に自分の体を移動させることができるのです。あなたがスピリチュアルな環境で顕現できるなら、あなたはビジョンを投影した瞬間にそこにいるのです。

Q イエスは自分の仕事を成し遂げたとあなたは考えますか？

A 彼は成し遂げただけでなく、磔刑にされたときと同じ体で今日ここにいるのです。そのデータは20年間矛盾を示していません。

Q 「我が神よ、我が神よ、なぜあなたは私を見捨て給うた？」と言うイエスの発言を、どのように説明しますか？

A それは誤訳です。そのときの実際の言葉はこうでした。

「我が神よ、我が神よ、あなたは私をも、あなたの子の誰をも決して見捨てたことがありません。なぜなら、私があなたに到達したように、あなたの子らも、あなたに到達することができるからです。彼らは、私が自分の人生を歩んできたように、私の人生を見ることができます。このように、その人生を生きることによって、彼らはキリストと融合し、あなたと一つになるのです。我が父なる神よ」

　翻訳者は多くの言葉を理解しておらず、それらを推測して訳出したのです。それが、私たちが誤訳を手にしている理由です。人々の思考の邪魔がなかったら、現在真正の聖書が発行されていたはずです。人々がその記録を受容するまで、それは漸次誕生してくるでしょう。

Q　惑星における生命の誕生について話してくださいますか？

A　正しい環境においては、生命はどの惑星においても誕生し得ます。惑星はみな太陽から生まれ、そこで人間の生命が育まれるまで続きます。人間の生命もちょうど惑星のようなもので、あらゆる人生を表現することが可能です。**人間は自分が選んだ思考と、現在の環境の中で保持されてきた思考によって自らを貶《おとし》め、マスターとなる代わりに、従者に成り果ててしまいました。**実際には、すべては成就されたのであり、すべての人類がすべきことは、それを受容することだけなのです。

第10章

制約を完全に超えて上昇する運命を生きる

私たちは文明が二度と暗黒へ戻らないレベルまで引き上げるためにここにいる

科学と生命は手に手を取って歩んでいます。科学者たちは、後に事実ではないと判明した多くの「事実」を発表してきました。彼らはこの世には唯一の法則があるのみだという認識をしていなかったので、過ちを犯したのです。科学者たちがすべての状況をその唯一の法則に統合し始めるとき、科学はもはや学術的な推測作業ではなくなります。現在の科学者たちの発見はあまりに真実に肉薄しており、二者の間には実質的な相違が存在しません。この事実がすべての人々にとって明白となる日を、私たちは心待ちにしています。

写真はこの事実を立証するのに大きな役割を果たしています。最近インドへの旅行中に私が目撃した進歩のいくつかを、皆さんにご紹介したいと思います。

この国には偉大なる人々が生きています。彼らの年齢は3000~4000歳です。あなたが私の発言に戸惑うか疑問を抱いたとしても無理はありません。けれども、たとえ懐疑的な西洋世界がこれを受け入れなかったとしても、事実は事実なのです。あなた方は、私の言葉をそのまま鵜呑《うの》みにする必要はありません。私は単にこれらの人々がどのように生き、どのように目的を達成しているかということを、あなた方にお伝えしようとしているだけなのです。

多くの人たちが、「数百年も生きていることの目的は何か」と私に訊《たず》ねます。もしあなたが1000年間生き、かつ自分の望み通りに若いままでいられたら、素晴らしい情報の宝庫が自分の意のままになるとは思いませんか？　人類にとって大いなる貢献ができるとは思いませんか？

あなたが傑出した人物でない限り、あなたが死と呼ばれる変化を通り過ぎたあと、その人生はすぐに忘れ去られてしまいます。その忘れやすさこそが、人類にとって消耗のもとなのです。忘れ去られた人物の影響力は、それが実際には続いていたとしても、事実上休息状態になります。その記憶は人類の完成と完璧に調和する影響をもたらすまでには戻りません。

私たちは、文明をそれが二度と暗黒へと戻らないレベルまで引き上げるためにここにいるのです。私たちは、制約を完全に超えて上昇する運命なのです。私たちが目撃する特権を得た数々の実験は、完成に向けた偉大なる飛躍と、この人種が発展の7番目の段階に突入した前進の一歩を示しているのです。

常に完璧をイメージするなら、それが細胞群にどんな影響を及ぼすか?

ボース研究所（ジャガディィシュ・チャンドラ・ボース博士が設立したボースリサーチ研究所）は、一個の細胞が分裂し、別の細胞を生成し、それらすべてが体の中で配置され、機能を果たすところを写真に収められることを実証しました。あらゆる瞬間に、数十億もの細胞が生成されています。細胞が分裂して新たな細胞を生成すると、私たちの想念がそれに刻印されるのです。

最初の細胞は、すべてが完璧です。その細胞はキリスト細胞として最初に知られました。

それは常に若いままなのです。それは年を取ることを知りません。それは最初の生命の閃光なのです。私たちがその細胞に、制約や老齢の想念、あるいは完璧以外のいかなる状況でも刻印すると体はそれに反応します。最初の細胞から誕生した細胞群は、そのイメージを受け継ぎます。もともとのイメージは神のイメージであり、神に似たものです。それは、あらゆる意味において完璧なのです。けれどもそれは、私たちが心で抱く形態に変わるのです。

おわかりですか？　**私たちが常に完璧のイメージを保持するなら、それが細胞群にどんな影響を及ぼすでしょうか？　それは完璧を創造するのです。連続して完璧を創造していくなら、私たちは体にエネルギーを与えます。**ボース博士によれば、もし私たちが不完全なイメージにエネルギーを費やしているなら、そのエネルギーを完璧さに切り替えることによって体の機能は２００％上昇するそうです。私たちは、そのままでも人生を続けていくことができますが、より完璧な体で人生を歩む方が遥かに素晴らしくはないでしょうか？　私たちが想念を変えるだけで、私たちの前途には多くの善きことが待っているのです。

この時代に生き、貧困とストレスの轍から人類が脱出するのを見るのは、なんという特権か！

イエスは、私たちが知る限り、最も科学的な人生を生きてきました。彼の人生は、彼が達成したことは、誰にでも達成可能だということを示すためのものだったのです。私たちにとっての問題は、彼のシンプルな教えを、時間を取って理解しようとしていないことなのです。私たちは常に、華々しい御業ばかりに注目してきました。その人は肉体に釘を打たれ、生き埋めにされました。けれども、そのような実証は、人類にとってなんの益にもなりません。その達成が科学的なラインに沿っていて、それゆえ日常の目的に活用できるのでなければ、それは個人にとっては無価値です。人類にとって最も価値のあることは、私たちが日々生活する中で、人生のどの瞬間も活用することのできるシンプルな真実なのです。

私たちが人生の中で、想念をどのように活用するかを学ぶのは最も際立った特権です。

ボース博士はこう述べています。「私たちは、なんという時代に生きているのだろう！　私たちが突入しようとしているのは、なんというシンプルな時代なのだろう！　この時代に生き、貧困とストレスの轍《わだち》から人類が脱出するのを見るのは、なんという特権であることか！　私には、世界全体が想念の活用によって、制約から自分自身を引き上げるところがまざまざと見えるのだ」

ボース博士は、私たちが植物の生命のすべての部分をコントロールできることを、実証しています。彼は、人間の想念を通してこの世に顕現してこなかった植物は一つも存在しないことを証明しています。人間がありとあらゆる植物を創造したのです。人類を流れる神の法則が、この美しい存在を、私たちが見る自然の中に顕現させたのです。

博士は、人類という家族が存在しなければ、今日、何物も――動物でさえも――存在していなかっただろうと、述べています。人類の心に一片の恐怖もなければ、肉食動物も他者と闘う動物も存在しなかったでしょう。私たちは、最も凶暴な動物さえ私たちが恐れない限り、危害を加えないことを知っています。恐怖の念を発信しない限り、動物は樹や草を通り過ぎるように、私たちの傍を通り過ぎていくのです。あなたが動物を愛する限り、動物は常にあなたの友達か守護者になるということは、よく言われていることです。

自分の意識を散漫にさせないエクササイズ／ピラミッドの底辺から頂点を見てフォーカスする

シャーマン（祈禱師《きとうし》）が彼の仕事に専念するなら、彼は癒しを一瞬で成し遂げるはずです。それは静謐《せいひつ》な儀式です。私たちは12人の人間が癒しを求めて祈禱師のテントに入って行き、そのうちの全員が、1分も経たないうちに癒されてテントから出て行くのを目撃しました。私たちはインドでも同様なことを目撃しました。私たちはこの国で、瞬間的な癒しを実証することができるのです。

私たちにとって由々しき問題は、自分の意識が散漫になるのを許しているという事実です。インドではこの問題について非常に有効な方法を教えています。黒い点が一つだけ描かれたカンバスの前に立つよう、子供に指示します。その子供は、自分の全意識をその点に集中させるのです。その状況において、彼の問題が浮上してきます。イエスはこの法則——神への完全なる集中——を教えました。

インド人がピラミッドを見つめる場合には、最初に底辺、次に頂点へと視線を移します。一方私たちの場合は、頂点から底辺へと視線を移し、ビジョンを散漫にすることを許しているのです。

あなたの視覚を数秒間だけ、特定の点にフォーカスするようにしてみてください。それから視線を左右に動かし、点に戻してください。このエクササイズによって、あなたは視神経を強化することができます。同様に、あなたは自分の意識を体の特定の部位に集中させることによってエネルギーをその部位に集め、いかなる不完全な状態も取り除くことができるのです。

アセンションは想念上のプロセスに過ぎない。自分がいたいと思う場所を描けば、その瞬間にそこに存在することができる

【質疑応答】

Q 大師方は、輪廻転生しているのですか?

A 彼らは、輪廻転生に関しては、ほとんど語りません。

アセンションというのは、想念の上でのプロセスに過ぎないのです。自分がいたいと思う場所をビジョンに描き、それでも今いる場所に留まっているとしたら、それは私たちの想念が自分をそこに留めているからです。**私たちがより良い状況を思い描くだけで、私たちはその瞬間に、そこに存在することができるのです。**

私たちは、大師方が一つの体だけでなく、3つの体に顕現するのを目撃してきました。あるときには体が活動停止のまま6年ものあいだ横たわっているのを目撃したこともあります。それはかつてないほど良好な保存状態にありました。

Q　インドには、あなたがイエスと認識している人物がいるというお話でした。私は、キリストは自分の内に存在すると知っていますが、それでもイエス個人とコンタクトを取りたいのです。

A　あなたはイエス個人から偶像を造り上げています。キリストを体現するのに、誰か個人を表現する必要はありません。

死は存在しない／体は決して霊的状態から外れることはない

Q　死についての見解はいかがですか？

A　自分が死ぬことを選択していない人で、死んだ人は誰もいません。私たちは死は必定だとずっと言われ続けてきましたが、神は一度もそう言ったことはありません。

Q　輪廻転生について説明してくれませんか？

A　それは死という過ちに対する救済策なのです。それは死という盲目の道に射す一条の光です。大師方にとって死は必要ありません。彼らは今この人生において、すべてを成し遂げるのです。死というものは実際には存在しません。それは過ちなのです。私たちはこのことを写真で証明することができます。生命に終わりというものはありません。結果的に、死は存在し得ないのです。あなたのために、誰も死を選択することはできません。その選択は各個人が行っているということには疑問の余地がありません。

体を離れた後も生命素は生き続け、その瞬間に物質を再統合して新たな体を創造しているかのように写真に写ります。それは知性を持っているはずです。魂は霊魂にとっての乗り物に過ぎません。すべては常に霊魂なのです。もし霊魂が私たちの外界にあるとするなら、霊魂は内にもあるはずです。あなたはそれらを分離させることはできません。なぜなら分離することによって、あなた自身が分離してしまうからです。

私たちが分離しなければ、私たちは常にそのものと一体でいられます。これは、償い（atonement）——すなわち一つであること（at-one-ment）——として知られています。それは体が消耗した細胞を脱ぎ捨てることなのです。そのようにして、私たちはあらゆる瞬間に死に、あらゆる瞬間に蘇生しているのです。

この世には7歳以上の体は存在しません。7歳以上の形体を体に与えているのは、自分自身が体に対して表現する考えに過ぎないのです。私たちは達成する中で成長を遂げますが、それ以外の状況を選択する必要はないのです。それでも私たちは、それを選択しています。私たちは体をありのままの状態にしておきません。私たちは自分を取り巻く外界の状況だけを見ています。

現在生きている状況よりも高い状況を自分の理想として投影した瞬間、私たちは新たな体を完成させ、その体に見合った新たな状況を完成させるのです。そうした体はどちらの名称で呼びたいかはあなた次第ですが、確実に電子的、あるいは霊的です。あなたはそれを霊的なもの以外に定義することはできず、形に忠実に生きるのです。

あなたが望むなら、それを神と定義してもいいでしょう。そう言ったところで全く同じことです。私たちが体に対して抱く想念のみが、体を霊的状態から逸脱させるのです。実際には、体は決して霊的状態から外れることはありません。

Q 私は自分がキリストであることを確信していますが、イエスだけは寵愛《ちょうあい》された存在であるという風にいつも考えていました。

A イエスは、もし彼が唯一のキリストだと宣言したなら、彼は決してキリストにはなれなかっただろうと発言しました。

あなた方は、いったん自分を神と宣言したなら、体の機能をそれ以前の波動の状態のままにしておくことは不可能なのです。光と生命はすべて一つです。あなたは常に、それに一つの名前だけを与えなければなりません。あなたの体が高次の波動で振動しているのでない限り、あなたはこうしたことを決して考えることはできません。

これは数学の公式に置き換えることができますが、それが1年半のうちに発表されるのをあなた方が見ることになるだろうと、私は信じています。それは体が常に正しい配列に収まるよう機能させるための、真正の数学の公式です。この公式は万人のためのものとなるでしょう。それが機能しているときには、誰もその働きを抑制することはできないでしょう。それは数学の公式のようにシンプルで、体の完璧さのために活用されるでしょう。それはまさにここ米国で取り組まれているのです。

第11章

人間の体は本来不滅

聖書もイエスも「人間の確固たる思考活動によって、神性の法則を完全なものにする」と語っている

この研究における驚嘆すべきことは、これと同じ実験を行っているグループが国中にあるという事実です。その実験とは具体的に言うと、状況は思考によって引き起こされ得るということです。あるグループは彼らの研究と実験から、思考は光よりも1000倍速いスピードで駆け巡るという結論にほぼ到達したと公表するでしょう。これは驚嘆すべきことではないでしょうか。さらには、もし思考とそれに属する行動をコントロールするならば、私たちは思考を通して達成できることを、彼らは示しているのです。

またこのグループは、製造に数多くの工程を経た鋼鉄の棒が、それに働きかける人々の想念によって変化するという結論にも確実に達しました。これは過去数か月の間に明らかになった驚くべき状況です。それは、いかに私たちが進歩しているかを示しているのです。しかも、私たちがコントロール力を行使できることを証明しています。もし私たちが想念

によって鋼鉄の棒をコントロールできるとするなら、自分の体をあらゆる行動とダイナミックな動きによって、どれほど自在にコントロールできることでしょうか。

以上は私たちが到達した結論ではありませんが、独立したグループの結論であり、科学者たちもそのラインに沿って研究しています。現在、思考活動によってコントロールされた「人類家族」の状況とともに、最大の変化の兆しが見えています。このことが私たちをどこへ向かわせているかが、私たちにわかるでしょうか？　イエスが次のように発言したとき、彼は何を意味していたのでしょうか。「すべての思考は数えられるであろう」。

イエスは私たちが知る中で、最も科学的な人生を歩んできたということがおわかりでしょうか？　彼の人生を私たちのそれと比較して、より生命力にあふれ、より納得できるものだと判断できませんか？

確固たる思考活動、すなわちあらゆる状況に対する人間の完全な支配によって、宇宙の主である人間は、神性の法則を完全なものにします。聖書もこれについて語りました。イエスもこれについて語りました。それでもなお、私たちは暗黒の中に住み続けています。現在科学者たちは、これを完璧な方法で実相界に顕現させています。彼らの研究は、私たちがかつて期待してきたどんなものよりも偉大な展開へと私たちを導いています。私たちが期待してきた、まさにその状況が到来しつつあるのです。

それらは推測に過ぎないと、私たちは言われ続けてきました。私たちの聖職者でさえも、神とは推測の域を出ず、信念以外には何の根拠も存在し得ないと私たちに話してきました。現在では神の存在は既知の事実です。イエスはこう言ってそれを説明しました。「信念を『知ること』としなさい」。それが現在私たちが行っていることです。私たちは理論的推測を、自身の思考を通して実相界へと顕現させているのです。

人間は「失敗の連続」を自ら創造している／私たちはエネルギーの96・4％をネガティブな思考に使っている

私たちの思考が身体的活動だけでなく、体で生成されるあらゆる原子と細胞をもコントロールしているということは、写真でも実証されている通り現在では周知の事実です。となると、そこからもう一つの結論が導かれてきます。それは、「私たちは自分が取り組むすべてのことにおいて成功できる」ということです。多くの人たちは、失敗の連続を創造します。私たちは、それを自ら創造しているのです。

では、**もし私たちが思考のあり方をことごとく変化させたなら、イエスが言うところの「真実」に変えたなら、私たちは完璧さを創造し続け、失敗することはあり得ないでしょう。**なぜか？　なぜなら科学者たちは、「私たちは、完璧さを創造する以外には、何もし得ない」と、私たちに述べているからです。それはすでに創造されているのです。唯一の条件は確固として取り組むことと、その完璧さ――確固たる思考活動、確固たる法則――と一体になることです。決して動じてはなりません。そうすれば、私たちは成功する以外にないのです。

科学者によれば、私たちは、自らのエネルギーの96・4％をネガティブな思考に投じているそうです。そのようにして完璧さを体から取り去り、代わりにネガティブな思考を与えているのです。これに関しては徹底的な研究がなされており、結果的に証明されました。私たちは自分の精神状態、大混乱や崩壊など、自分が現在いると考えている状況を実相界にもたらしているのです。現在では、それは単に精神的状態に過ぎないということが証明できます。

それはどこから来るのでしょうか？　私たちはそれを体から取り出しているのです。そうやって催眠的影響を構築しているのです。それはすぐにでも解消できます。イエスはそれを「まばたきの瞬間に」達成できると言いました。イエスは何年もかかると言ったでしょうか？　いいえ、言いませんでした。それは瞬間的になされ、写真で証明することさえ可能なのです。

「私は○○になるだろう」ではなく「私は○○になる」と言ったイエス

イエスはポジティブな思考をどのように表現したでしょうか？　「私は○○である」であって、「私は○○になるだろう」ではありませんでした。そう宣言することによって、あらゆる状況を網羅したのです。真実はあなたを自由にするであろうと彼が言ったとき、真実あるいは肯定的な思考は、あなたをネガティブな状況から解放するということを完全に知っていたのです。ネガティブな状態に戻るかどうかは、完全に本人次第なのです。イエスは言いました。「私は、常に前進する」と。彼はかつて後ろを振り返ったことがあったでしょうか？　彼が「私は神である」と言ったとき、それは冒瀆《ぼうとく》だったでしょうか？　彼はそれを裏付ける科学的事実を知っていたのです。彼は常に存在していた法則にアクセスし、それに従って生きたのです。

私たちの文明よりも偉大な文明は、その法則に従って生きていました。ところが、彼らは二元性を見始めたのです。すると何が起こったでしょう？　二元性の存在を維持するために、二元性が彼らの体からエネルギーを奪い始めたのです。そしてすぐに、そのエネルギーは彼らの体から思考へ流出し、精神的な状況を創造し始めたのです。

そこには私たちの支配権が存在する完璧な状況への、思考の激しい揺り戻しがあります。それはなんらかの壮大な経験を通してではありません。イエスが壮大な状況でやって来るのを、かつて誰も見たことがありません。それは常に正しい方向への静かで確固たる動きでした。私たちは想念の科学的価値観へと戻りつつあるのです。それがどのように機能するかは、写真によって実証されています。

ライトボディ／ポジティブな思考をする人の体からは常に光を放つ

3本のフィルムを同時に感光するカメラが存在します。このカメラの前に3人の人を座らせます。1人は確固として、ポジティブに思考できる人です。2人目は状況が彼の思考に影響させるのを許す幾分中立的な人です。3人目は自身を催眠的な影響下に留まらせることを許す、ネガティブな思考をする人です。

この実験で何が起こったでしょうか？　1分もしないうちに、ポジティブな思考をする人の体が光を放射するのがフィルムに映し出されました。中立的な思考をする人の場合は、体の周囲が微《かす》かな光で覆われているのが映し出されました。ネガティブな思考をする人の場合には、なんの変化も見られませんでした。実験が完了してみると、ポジティブな思考をする人の写真は、閃光で際立っていました。

ポジティブな思考をする人の体が本物の体であることを、私たちは発見しました。本物の体はライトボディであり、それは常に光を放っています。それは常に完璧さとダイレクトにつながっています。誰もそれに指一本触れることはできません。

つい最近、私たちはある実験を観察しました。ポジティブな思考の人を椅子から立ち上がらせ、3000ボルトの電気エネルギーを体に流しました。彼の体の波動はあまりに高いため、体を流れた電流は、彼になんの害も及ぼしませんでした。この実験には何ら華麗なところはありません。それはあくまでも科学的な実験です。それが意味するところはこうです。人間の体は正しい思考のあり方をもって、そうした思考を産み出すよう体を鍛錬すれば不滅だということです。

それはシンプルなプロセスです。その仕組みは、呑み込むまでは複雑に思えるかもしれません。それは、磔刑による教訓から直接たどることができるでしょう。磔刑は華麗なショーではありませんでした。それは一つのテストであり、イエスはそれを受けることを承知していました。そのため彼は、「私は父なる神の仕事に従事している」と言うことができたのです。彼は父と共に仕事をしているのであり、彼と父とは一つであることを知っていました。彼はさらに前進して、「私は神である」と、言ったのです。

さて、彼はどういう意味でそう発言したのでしょうか？　彼は、全人類が活用できる、確固たる法則を使っていたのです。全人類がその法則の理解を通して、すでに高い次元へと上昇したことを知っていたのです。彼は単に道を指し示していただけだったのです。彼らは、やろうと思えば彼の体を奪って、それにありとあらゆる制約を課すことができました。それを墓に納めることさえもしました。しかし、イエスはそこから出てくることができたのです。彼の体の光はそれほどまでに強烈だったため、体は破壊され得ず、墓の石を弾き飛ばせるほどだったのです。私たちは状況に対する人間の支配力を完全に証明した実験によって、この状況の再現を観察することができました。それは宇宙の支配者である人間の能力は、完全に無限であるということです。

私たちが、「見えるようになるために、ただ眼を開くがよい」と言われたように、この限界の思考から抜け出すことさえできたなら！　そのときに見ようと欲するのは、「神」であると言われています。

イエスは想念のパワーを人類が活用できるために表現していた

ほとんどの方はカレル博士の書、『人間　この未知なるもの』のことを耳にしたことがあるのではないでしょうか。著書の中で博士は、医療の専門家によって治療不可能と診断された疾病が癒されるのを目撃した症例について述べています。さらに最近では、正しい祈りの方法――旧来の懇願の方式ではなく、完全なる確固とした支配の方式――を知っている人々との実験についても報告しています。博士はこの祈りによる癒しの確率は100%であると述べています。カレル博士のような人物からこのような報告が聞けるのは、なんと力強いことでしょう。彼はおそらく現時点で、誰よりも人間の体について熟知している人物です。

現在私たちはすべての思考のあり方について、多様性ではなく、シンプルさに立ち返っているのです。

すべての語において、神という言葉の綴《つづ》りは異なっていても、それは全く同じ波動の影響力を帯びているのです。神は偉大な存在であり、天空に座し、死ぬまでは神についてほとんど何も知ることはできない、と私たちが考えていたのはほんの少し前のことでした。今日では、私たちはそうした考えを廃棄しています。その結果として、私たちは「知っている」の姿勢へと導かれているのです。私たちは確固として神と一つになるとき、自分自身が神そのものになるということを知っているのです。その瞬間、私たちの体は本来あるべきラインにきっちりと収まるのです。

もし意味を念頭に置いて、敬虔に、正当な思考をもって「神」という言葉を発するなら、私たちの体はその言葉を発する前のようには同じ状況に対して反応しないということを、私は再三にわたり本書で述べてきました。そのような体は20ワットの電球をつけるのに充分なほどのエネルギーで満たされていることが現在知られています。それが過剰になるまでは、体がエネルギーを蓄積することの証拠です。この影響は大衆にも波及します。

イエスは彼が大衆に説いていたとき、法則が彼の体から放出していたことに気づいていました。彼が完全なる閃光の中で立っているのを、数多くの人たちが目撃しました。イエスが自分のやっていることを自覚していることを、一瞬でさえも、誰が疑うことができるでしょうか？　彼は、これらの法則を人類が活用できるようになるために表現していたのです。そして私たちはこの長い年月の間ずっと、その法則を理解しようと努めてきたのです。今や、私たちは、それらをはっきりと理解できるようになっています。私たちは自分自身を取り囲み、満足のいかない結果を産み出してきた根源である催眠状況から脱出しつつあります。そうすることによって、私たちは偉大な成功を産み出していくことでしょう。その理由はなぜか？　なぜならその方が遥かにシンプルであり、エネルギー効率がよいからです。

あらゆる疾病が始まる根源／不完全であるという思考そのものが、細胞を死に至らしめる

個々の細胞がどのような工程で生成されるかを、写真でお見せすることができます。細胞が親細胞から分裂した瞬間、そして、それ自身が分裂する直前、それは親細胞と全く同じイメージを受け継ぎます。それが分離すると、私たちが自分自身に対して抱いている不完全なイメージの影響下になります。すると何が起こるでしょうか？　私たちは、細胞の波動の低下を観察します。場合によっては、細胞は自身が属する臓器に付着することがあり、それは細胞の死滅を意味します。こうしてエネルギーが充満した状態で誕生した細胞は、1秒も経たないうちに死滅するのです。**不完全であるという思考そのものが、細胞を死に至らしめるほどの影響を及ぼすのです。**波動があまりに低いため、ダイナミックな影響は流出してしまうのです。**これが、あらゆる疾病が始まる根源なのです。**

しかし、新たな思考が私たちを取り囲んだ瞬間に、新たな体が創造され始めます。流出

していた生命エネルギーも戻るよう誘発されるのです。私たちが知っているところの死というものは達成されません。これは、ただ一つの研究グループが達した結論ではありません。数多くのグループの結論なのです。私たちがたとえ他の状況にエネルギーを与えたとしても、法則を動かすことはできないのです。

イエスは、サタンという言葉を会話で一切口にしたことはありません。サタンの王という概念を意識に組み込んだのは、私たち自身に過ぎないのです。それはどこからパワーを得るのでしょうか？　それはその概念を抱く個人からなのです。けれどもそれは法則を変えはしません。つまり、サタンは存在しません。死は存在しません。天罰は存在しません。事実イエスは決してその言葉を使ったことも、それについて考えたこともありませんでした。聖書に登場するそれらの記述は、単なる民話なのです。

イエスは決してネガティブな言葉も状況も使ったことはなく、人類が使ってきたのは神の偉大なパワーのみであると言明し、決して神以外のパワーを認めませんでした。私たちはその状況を説明するのに、もはや途方に暮れてはいません。時に私たちは催眠的段階を超越することがあり、その瞬間、真実の閃きが入って来ます。そのとき、私たちはそれをためらわずに受け入れます。この種の個々の経験を受容するたびに、私たちは強くなるのです。そのとき私たちは、「父なる神の仕事に従事している」のです。

イエスがパンや魚を増やしたとき、そのことで民衆が彼を王に仕立て上げようとしたとき、彼は一体どうしたでしょうか？　彼はただ身を引いたのです。彼は民衆に道を示したのです。彼らは自分たち自身で次のステップを踏み出さなければなりませんでした。このことを人々が理解するまでに、実に２０００年もの歳月を要しました。この法則は人類よりも歴史が長く、実際常に存在してきたと、科学者たちは述べています。「アブラハムが生まれる前に、私は在る」

このことは、私たちに全く新たな見解をもたらします。イエスがそうしたように、私たちも自分自身の足で立って、自分自身のために達成しなければなりません。

今後どのような国家も、スピリチュアリティなしには存続することができないだろう

【質疑応答】

Q これらの真実を理解する政治的なリーダーが我が国にいますか？

A その質問にはお答えできかねます。しかし我が国の政治も、これらの真実を無視し続けることはできません。この国の政治が失敗に終わったとき、私たちはそれを超越します。「人間はすべて王だ」とイエスは言いました。私たちがその姿勢を取るなら、政治はそのラインにピッタリ収まります。私たちは「羊の群れ」ではありません。私たちは何かに追従する必要はないのです。

Q ハルマゲドンの闘いについて説明してくれませんか？

A 私たちはそれを毎日闘っています。私たちが物質を手放すとき、闘いは終わるのです。

Q すべての宗教から手を引く国家の命運はどうなりますか？

A キリスト教はあまりに多くの物質性を含有するために、そうした国家によって受け入れられませんでした。しかしどの国家も、スピリチュアリティなしには存続することができないということを発見するでしょう。それがあらゆる国家の基盤に他なりません。聖書は「神は聖霊である」と言っています。神がこの世のすべてなのです。

Q あなたの著書である『ヒマラヤ聖者への道』第3巻には、同第1巻および第2巻と同じ教えが含まれていますか？

A 第1巻の教えが続く2、3巻でも引き継がれ、より高次の結論になっています。それらは第1巻の経験の完結版になっています。

Q 「キリストの再臨」というフレーズは、キリスト意識の到来を意味しているのでしょうか、それともイエスが地上に再び現れることを意味しているのでしょうか？

A 彼はかつて地上にいたように、常に地上にいるのです。人間がキリストを受け入れるとき、キリスト意識と直面するのです。それはイエスが体の形で、もっとたくさんの人たちの前に現れることを意味しています。

Q 私たちと共に働いている大師方の存在について、私たちがほとんど何も知らないのはどうしてでしょうか？

A その理由は、彼らが沈黙して働いているからです。大師方は自分自身を宣伝する必要はありません。けれども私たちは「彼が大師である」と、自分自身に宣言する最初の人物なのです。大師方も私たちと同じくらい普通の人間なのです。

Q 世界における宗教間の憎悪が解消されるのは、一体いつのことでしょうか？

A それを確定することはできません。それは、完全に人々自身に委ねられているからです。彼らが分離するのなら、結果的には沈下するでしょう。一つの体は体の各部から成り立っています。人々がより良い環境のための準備が整ったとき、彼らは一つになるでしょう。

Q なぜ教会は、地獄や天罰について教える代わりに、このようなことを教えるように人々を派遣しないのでしょうか?

A 教会も変化を見ており、協調しようと試みています。現在人々は、昔に比べれば遥かに歩み寄っています。彼らは協調することが不可欠であり、そうしなければ孤立してしまうことを知っているのです。私たちは自分が取る心のあり方によって、彼らを助けることができます。

Q 死と輪廻転生を経ることは、必要ですか?

A 今世においてすべてを達成する限りそれは必要ありませんし、私たちはそうしようと思えばそれが可能なのです。けれども、私たちがもし死と呼ばれる間違いを犯したら、輪廻転生という救済策があります。生命要素が体を離れる前に選択がなされますが、その選択は、今世において本人が確固としてとる姿勢によって決まるのです。

Q 私たち全員が、ある程度は大師だというのは事実ですよね?

A 私たち全員は、ある程度大師であるだけでなく、私たちがそう決心する限り、私たちは完全に大師なのです。もしそれがすでに達成されていないとしたら、私たちはそれについて考えることすらできないからです。

第12章

ポジティブ思考のパワー

人間がどのように物事を達成させていくか／ポジティブな無限のパワーを使い続ける

ポジティブで確固たる姿勢で成された宣言には、無限のパワーがあります。私たちは、ポジティブ思考と、状況をポジティブに宣言することの科学的な価値を実証することができます。すべてのポジティブな宣言の背後には、法則あるいは真理が作用していることを、証明することができるのです。

従って、私たちは、イエスが「真実はあなた方を自由にする」と言ったとき、彼が意味していたことを難なく理解することができるのです。それは誤って翻訳されたように、「真実はあなた方を自由にするだろう」という未来のための約束ではなく、現在形の確固たる声明なのです。人類にとって有益な最も確固たる声明は、「私は神である」だということを発見しました。ポジティブなパワーも真実も存在しない、「私は神ではない」は、人類には属しません。ポジティブな声明は、私たちをネガティブな状況から自由にします。

もともとの言語には、ネガティブな言葉も過去形もありませんでした。すべてのネガティブな言葉は、その言語が誕生して大分経った後に導入されたものです。

イエスが使った言語には、ネガティブな言葉は一切含まれていませんでした。彼はネガティブな思考を抱かず、確固たるポジティブな声明によって達成しながら常に現在を生きていたのです。これらの事実を検証してみると、すべての声明の背後には、その声明を実存へと顕現させるポジティブで確固たるパワーがあることがわかり、人間がどのように物事を達成させていくかを理解することができます。

これらのシンプルな法則は、新たな思考のあり方において、あまりに明白に示されているので、人類全体がそれに目覚めることができます。古代の人類はこれらの法則を活用する術を身につけていたことを、私たちは発見しました。その影響は決して消えたことはなく、現在人類は理想を表現する際に、その影響によってパワーを結集しています。

私たちは、いかに催眠的でネガティブな状況が、カメラではなく目を欺くかをはっきりと知るために、カメラを使って実験を行いました。その結果、いかなる見かけ上の状況にもかかわらず、ネガティブな思考からは、決して何一つ創造されないことが判明しました。ネガティブな思考は催眠的な影響を創造し、さらにその影響がそれに関連する場を創造しますが、その効果は写真に収めることはできません。

ネガティブな思考が体からエネルギーを奪う一方、ポジティブな思考は、エネルギーを与え、創造します。科学者は、宇宙の中でたった一個の原子でも配置が誤っていたら、宇宙全体が木っ端みじんに飛び散ってしまうと言明しています。すべての人間の体は、天体としての太陽を含む宇宙なのです。私たちは、自らの生得の権利を忘れてしまいました。私たちは、自分が信じていない状況へと陥るよう催眠術にかけられているのです。

信念がなければ、創造のパワーも存在しません。たとえ、私たちが法則と調和することを拒否したとしても、私たちは法則から除外されることはありません。必要なのは、法則と調和するために、確固たる思考を維持し続けることだけなのです。

外界に神がいるのなら、それは内にも在るはずだ

【質疑応答】

Q 他者の心からカルマを取り除くよう助けることができますか？　もしできるなら、どのようにしたらよいのでしょうか？

A 私たちにできる最大のサポートは、その人がキリストとして確固たる不動の姿勢でいるよう援助することです。

Q 数多くの異なる教えが混在し、それらはすべてキリストに依存していますが、それぞれテーマに対して異なるアプローチをしています。こうした教えを学ぶのに、ベストな方法を教えてくれますか？

A 私たちには、特定の教えのスタイルというものはありません。もちろん思考のあり方にはさまざまあり、それがさまざまな教えが存在する理由です。ただ、それらはすべて同じことを指してはいませんか？

Q 教えの中には、現在に重点を置いているものもあれば、未来に重点を置いているものもあります。どれが究極のゴールなのでしょうか？

A 現実においては、完璧さはすでに実存の中に存在していませんか？　私たちに必要なすべてのことは、それを受け入れることだけです。私はあなたのために選択する教えはありませんが、ただ、すべては私たちを受容へと導いているように私には思われます。

思考のあり方には数多くありますが、一つのグループにとってはある教えが必要であり、別のグループにとっては、別の教えが必要かもしれません。私たちがもし未来に完璧さを見るのなら、私たちは一体いつそれを達成するのでしょうか？　どんな教えかにかかわらず、私たちは全員その完璧さを今ここで実現し、受容することができるのだと、私は感じています。

Q パウロがキリスト意識に到達しなかったというのは本当ですか？

A もしパウロがキリスト意識に到達しようと奮闘していたのであれば、到達していなかったということです。もしも誰かがキリスト意識を表現するなら、その人はイエスと面と向かい並んで仕事を行います。もしもパウロが大師のレベルへと上昇したのであれば、彼はもはやイエスの弟子ではなかったでしょう。

Q 新しい時代における女性の役割はなんでしょうか?

A 男性の役割となんら変わりません。私たちは、皆一つなのです。人間が自分自身で分割しているのに過ぎないのです。霊魂には分離はありません。すべては霊魂なのです。

Q あなたは、誰に対して祈りますか?

A 世界に向けて神を表現しながら、神に祈ります。私たちは外界の神には祈りません。もし外界に神がいるのなら、それは、内にも在るはずです。あなたの人生が祈りです。それは、単なる言葉ではありません。祈りを単なる言葉へと価値を下げることによって、結果的に私たちは達成に失敗するのです。

Q 癒しについてはいかがですか？

A 癒しというものは存在しません。癒しは表出する状態に対する名称です。もしあなたがそれを自分に表出させるのなら、完璧さを遠ざけておくことはできません。

Q 神は3人ではないのですか？

A もし神があなた自身の中に在るとしたら、どうして3人存在することができるでしょうか？ あなたが区別をつけているために、神が3人になるに過ぎません。

Q お金を一切使用しなくて済むように、現在の貨幣システムが抜本的に変わるような理想的な状況は存在するのでしょうか？

A 私たちはそのような状況を予測していません。私たちの経済システムにおいては、お金は必要です。しかしながら、お金は豊富になるので、人々はそれに対して従来のように価値を置かなくなるでしょう。獲得のためにではなく、サービスのために流通があるでしょう。

イエスは、「人間はどのような制約を肉体に課しつつも、それを超越できる」と全人類に示した

Q 12歳から30歳までのイエスの生涯について、何か語ってくれませんか?

A イエスが人生の最後の9年間をインドで過ごしたことには、私たちは確信があります。彼は当時、後の教えのもととなった多くのことを見聞しながら、各地を移動していました。私たちはイエスがちょうど達成したように、私たちもそれを達成できるのだと全人類に示しながら彼が確固たる姿勢になったのを発見しました。彼は人類が同じ姿勢を表現し、それに従って生きることができるのだと人類に示す人生を生きたのです。

Q イエスは十字架上で苦々しい憤怒に苦しみましたか?

A その可能性は十中八九ないでしょう。彼は苦しみを遥かに超越していたと私たちは聞きました。イエスは人間はどのような制約をもその体に課しつつも、それを超越

できるのだということを、全人類に示したのです。

Q イエスと一緒にいたとき、彼はあなたに個人的なメッセージを伝えましたか？

A いいえ。私たちは、彼から多くのメッセージを受け取りました。本の中で私たちが公表したいと望む思いと共にメッセージを紹介しました。イエスのメッセージはどれも、いかなる意味においても限定的ではありません。彼が限定的に働いているのを、私たちは見たことがありません。

第13章

精神的調和／癒しと呼ばれる現象を引き起こすパワー

癒しについて／それは完璧であることの受容であり、全人類が使用可能な力

私は著書の中で、多くの驚異的な癒しを目撃した静寂の寺院について記述しました。その寺院は、もし建物の一部が破損してしまったとしても、建物自身が即座にそれを修復してしまうのだと告げられました。この現象は写真に収められており、人間の体も同様に、また同一の法則によって、しかもより際立ったレベルで刷新されるのを目撃してきました。

無生物でさえも反応するというのに、なぜ私たちはこうした状況に直ちに反応しないのでしょうか？　その理由は、私たちは自分自身を不信の催眠術にかけているからです。それは受容の欠如であり、人類が失ってしまった遺産です。

そのパワーは今も昔も同様に確固としていると同様に可能性を秘めており、全人類が使用可能なのです。それが癒しと呼ばれる現象を引き起こすパワーですが、実際にはそれは癒しではなく、完璧であることの受容であり、それはいかなる状況においても決して変わ

ることはありません。私たちが完璧であることを受容するとき、不完全である状況から抜け出すのです。それは人類にとって自然なことです。それは人類に属しています。それは人類にとって至高の属性です。

不完全さの表現を許したときに自分自身を取り囲んだ状況を手放すなら、完璧さはあまりにダイナミックに前面に顕現するので、私たちはもはや不調和な言葉を発することができません。それこそが、人類が完全に完璧になるために必要な唯一の条件なのです。この体を完全に完璧にすることとは、すなわち体を常に不滅で、純粋で、明瞭にし、決して謎に包んだり、不完全にしたりしない、ということです。

この体は、原子がその周囲を回転する中心太陽を持っています。さらにその各原子が、その周囲を原子が回転しているソーラー・サン［太陽］を持っています。私たちが完全に自らの宣言に集中した姿勢でいるには、その宣言を「私は神である」とすればいいでしょう。これによって、すべての原子だけでなくすべての原子のソーラー・サンが光を放ちます。その光が現れた瞬間、すべての原子が完全なる調和の中にいることを示します。光が現れ始めた瞬間、そして原子が輝き始めたとき、体の外見的不調和が消失します。体は完全に癒されたのです。

このようにして、人間はそれぞれ自分を癒せるだけでなく、自分自身に直接調和をもたらし、宇宙に同調できるのです。これを知っている人は、「あなたの目が一つであるなら、あなたの体全体が光で満たされているのである」と、発言することができます。その光は、すべての人間がこの世に誕生するときに、彼を輝かせる光なのです。

各人が自分のためにこれらの宣言をすることができ、その宣言によってその人は、彼と同じ宣言をするよう他者をサポートすることができるのです。その影響を受けた人物は最初は受け取ったことに気づかないかもしれませんが、その受容によって不調和は一掃されます。従って調和のエネルギーは選《え》り好みしません。それは完全なる調和の中にあり、完全なる同調なのです。

大師の域に達する方法／最も偉大な説教「神を見よ」を理解する

【質疑応答】

Q ここには正統的な教えに満足していない、形而上学を学んだことのない人たちがいます。

A 何かを放棄する必要はありません。もし正統的な教えがあなたの志向《しこう》に合わないなら、代わりに別の思想を選べばいいだけのことです。それは数百万の人々に合うかもしれませんが、あなたに合わないなら他を選べばいいのです。それは個人がより高次のあり方とより高次の状況を表現するためであり、そうすれば物事は常にあるべきラインに収まるようになっているのです。

Q 神を定義づけることはできますか？

A 神に定義を与えることによって、私たちは神を限定した存在にしてしまいます。私たちは人々を正統的だと言いますが、彼らがそうなのは、私たちがそう決めつけるからではないですか？　他者が何をするかは関係ありません。重要なのは、自分が何をするかなのです。

正統派に属する人は、それで充分に満足しているのかもしれません。もし満足していないなら、より高次のものを探しているのです。他者は他者で自分が追従するための理想を完璧に近づけているのです。彼らはその完璧さと共に前進しなければならず、それと一つにならなければならないのです。あなたは、それを形而上学と呼ぶかもしれませんが、名前など必要ありません。必要なのは、達成に向かう思考のあり方なのです。

Q　大師方は食べ物を物質化するのですか？

A　私たちは、そうした現象を物質化とは見なしていません。食べ物は瞬時に目の前に現れるのです。それについて何かを宣言するわけではありません。私たちがテーブルにつくと、容器は一杯になっています。私たちがその中身を消費すると、必要なだけ、何度でも容器は一杯に満たされるのです。

私たち自身は、一度も何かを引き寄せることはできなかったため、その様子を段階ごとに写真に収めることはできませんでした。それは、物質化の方式を通してやってきたように思われるのですが、私たちが容器を見ると、食べ物は瞬間的にそこに現れるのです。

Q イエスの磔刑に責任があるのは、ユダヤ人ですか？

A 私たちは、どの国民に対しても、一切その烙印《らくいん》を押すつもりはありません。すべての人間が通過できる状況を通して自分を表現することをイエスが望まなかったなら、彼らはイエスを磔刑にすることはできなかったでしょう。それは、自分自身に最小限の影響さえ及ぼすことなくその状況を通過できるということを人々に示すための、明確な方法でした。その目的がなかったなら、イエスは、何度もそうしたように、自分の体を伴ってどこかへ去ることができたはずです。それは彼に課せられたものではなく、ある目的のために彼があえて背負ったものだったのです。

Q 大師の域に到達するための方法をいくつか教えてくれませんか？

A それには公式など存在しません。それは完全に個人の決意に委ねられているのです。私たちにとって最も偉大な大師の表現は、イエスの言葉である、「見よ、キリストここに在り」です。

私たちがキリストを表現し、その生命を生きた瞬間、私たちは大師なのです。すると、私たちはあらゆる状況において大師となるのです。それは完璧にシンプルな宣言です。それは個人が世界にキリストを表現することです。イエスがよく言うように、これまでで最も偉大な説教は「神を見よ」なのです。これ以上に偉大な説教が存在しうるでしょうか？

Q 磔刑後の50年間、イエスはどこにいたのですか？

A 彼は弟子と共にいました。彼はいつもそうだったように、今も同じ肉体で生きています。

第14章

宇宙を統べる法則

統合の感覚こそが、そもそも教会が設立された礎だった

私が頻繁に訊ねられる質問があります。「いったいなぜなんですか？　インドにはあれほど哲学が豊かにあふれているのに、国民が貧困を克服できないのは、どうしてなんでしょう？」

インドは一見したところ、矛盾が存在する国家です。人々はこの遠い異国から得た物語、信念、観察によって、いかなることをも証明する、あるいは反証することが可能なのです。これは夕食のテーブルに、取るに足らない議論をもたらしました。招待客の中には、カシミール、ベンガル、ミャンマーから来た人たちが混じっていました。

一人が言いました。「私はもうインドには行きたくない。あそこにはトラがいるから」別の人が反論しました。「なんだって？　私はインドでトラを一頭も見たことがない」すると、もう一人が言いました。「まあ、インドではトラは毎日見るね」

それぞれが、インドの別々の地域に住んでおり、各々が彼の地域特有の真実を述べたのですが、それは必ずしも国全体に当てはまる真実ではないのです。こうした相反する観察は、私たちがさまざまな側から耳にする「半分だけ真実」と、地域限定の意見の多くに該当します。

私たちは、宇宙を統《す》べる法則を示すために、膨大な仕事を投じてきました。ある聖職者は、かつてこう言ったことがあります。「それは、単なる信念だ。信念は推測に過ぎない。霊魂は過ぎ去っていく存在である人間についての、推測に基づいた法則でしかないのだ」。このような人たちは、自らが所属する組織に大層なオフィスを持ちながらも、曖昧《あいまい》で言い逃れの所説を唱える傾向にあります。

現在教会では、特に若い世代間において新たな精神が躍動しています。宗教に対して、新たな姿勢の表現を追究しているのです。彼らは特定のグループや国家に所属しているわけではなく、人生のあらゆる分野で見られます。

こうした先見の明のある魂たちは、特定の独立したグループではなく、人類全体に属しているようです。この統合の感覚こそが、そもそも教会が設立された礎だったのです。それは土と石で造られた建物ではなく、強固で不変のスピリチュアルな真実なのです。

科学の教えは「宇宙に遍満する法則」に着々と近づいてきている

科学というものが、過去20年間の間にいかに変遷してきたかを思い起こしてみてください。それらの教えの多くは、完全に変化してしまいました、それと同時に、宇宙に遍満する法則に着々と近づいてきています。唯一の確固たる原理があり、すべてはそれに基づき、すべてはそこから生じる、ということを科学者たちは認めつつあります。彼らが法則の性質を発見するとき、科学は変化する必要もその足跡をたどる必要もありませんが、その時点から未《いま》だかつて夢に見たことのないゴールに向かって、さらに明晰《めいせき》な見解と共に前進していくでしょう。

初期の頃の教会は、集会として知られていたのです。今日において教会は、人々が真実のスピリチュアルな顕現を学び、彼らが人生の目的を達成するために、偉大な法則と共に、どのように活動するかを知ることのできる集会であるべきです。

ネガティブな暗示は、それが本人にとって飽和状態となるまで、すべてのグループに忍び込んできました。限られた人々は、彼らが達成すべき真実の存在を知り、常にそれと闘い不動の姿勢を貫いてきました。そうした強固な信念の持ち主が法則に対して「一つの目」で忠実であり続けるとき、彼らは、いかなる外的影響にも揺るがされないパワーを顕現したことになるのです。彼らは、唯一の確固たる要素あるいは法則が存在すると発言します。すべての人に表現の完全な自由を許しながらも、体は法則の中に存在するなら、完璧さは常に存在し続けるでしょう。

再臨／人類すべてが内なるキリストを表現するときについに彼が現れる

【質疑応答】

Q 大師方は、物質的な体をどのような用途で使っているのでしょうか？

A 詳細は知りませんが、時々使っていることだけは知っています。おそらくは、人々にアプローチし、教えるためです。彼らの体は自らがケアするようになっているので、彼ら自身は体に一切注意を払っていません。大師方の多くが私たちとテーブルを囲んで会食しましたが、それはおそらく社交目的のみだったのでしょう。

Q 人間が他界し、地上に再び誕生するまでの期間は、どのようにして決定されるのでしょうか？

A はっきりとした期間は断定できませんが、おそらく死の経験を通過する人は、死の直前に再誕生のハッキリした道程を即座に選択すると推測されます。ある人々は、取り組みたい何らかの状況のために長期間のインターバルを必要とし、別の人々は、極めて短期間のうちに戻ってくることを選択するでしょう。

Q イエスは私たちとは異なる要素から構成されていて、異なる特権を保持していたのでしょうか？　彼は神に属していて、彼の生涯は私たちも同じ特権を持っているということを示すためのものだったのではないですか？

A 彼は人類はみな同じ特権を有し、一人の人間にできることはすべての人間にとって可能であるということを私たちに実証するために、さらに全世界に教えるために生きたのです。正確に訳された新約聖書には、この教えが記されています。

Q なぜ、磔刑以降のイエスの人生の記録は、秘匿されてきたのでしょうか？

A 記録を持っている人たちの側には、それを秘密にしておこうという意図はありませんでした。西洋世界は、こうした物事と密接に関わるには至りませんが、理由の一つは、それらが宣伝されていないからであり、別の理由は人々の不信によるものです。

Q 正統派の教会は、キリストが再臨し、地上に顕現すると教えています。

A 彼は、常に地上に顕現してきました。明らかに、**再臨とは人類すべてがキリストを表現し、キリストを知るときに、彼が現れることを意味しています。**

Q 人類がキリストをイエスに限定したのは、誤りだったのではないですか？

A イエスは言いました。「私は、すべての顔とすべての形体にキリストを見る。最初の人間が生まれたとき、キリストが誕生したのである」

Q 私たちが今世において自分自身を完成させるなら、輪廻転生によって地上に戻ってくる必要はありますか？

A いいえ、ありません。

Q もしイエスが肉体を持ってここにいるとするなら、なぜ彼は全世界が彼を認識できるように姿を現し、自ら名乗らないのですか？

A 彼はすべての人がわかるように実際に彼自身を表現していますが、果たして私たちは全員彼を認識できるでしょうか？　道は開かれており、もし万人がキリストを表現するなら、人類すべてが彼と面と向かい合うでしょう。キリストを表現する者が、イエスを見る者なのです。

第15章

内分泌腺／甲状腺を開発してスピリチュアルな能力が引き出される

大師たちは甲状腺に思念を集中することで刺激、活発化させ、限界なくエネルギーを補給している

本日は、いくらか専門的なテーマについてお話しします。専門的ではありますが、それはスピリチュアルな開発の科学的な面を扱うため、私たち全員にとって極めて重要性を持つものです。

甲状腺は全内分泌腺系をコントロールし、他のすべての腺との間に調和をもたらし、従って、すべての腺の働きに調和をもたらします。スピリチュアルな能力が意識的に活用できるようになるのは、この開発を通してなのです。言い換えるなら、甲状腺の刺激を通して、スピリチュアルな能力が引き出されるのです。

Q 生理学について門外漢の人たちのために、腺を列挙してくれませんか?

A 腺には7種類あります。松果腺《しょうかせん》、下垂体、甲状腺、胸腺、膵臓《すいぞう》、副腎《ふくじん》、性腺の7

つです。甲状腺が最も重要なものです。これは、2つの外側の突起部と1つの中心の突起部で気管にまたがっています。

性腺は14歳から45歳までを支配します。甲状腺は特に45歳以降を支配します。甲状腺は、思春期が始まるまでは機能を開始しません。松果腺は、人生のその時期まで活発な傾向にあります。松果腺の真の機能は、14歳まで、あるいは体が充分に強くなるまで思春期の開始を遅らせることです。

子供たちの多くが、スピリチュアルなビジョンを有する傾向にあるのは、この理由によるものです。多くの子供たちが、この時期に到達するまでの初期の数年間に、驚くべきスピリチュアルな洞察を持っています。

Q 大師たちは、甲状腺の機能を刺激するためにどのような方法を使っていますか?

A 人生の後半において、彼らは甲状腺にセンタリング（集中）することによって、その活動を刺激する方法を取っています。これによって、甲状腺は身体的に活発化し、甲状腺の性能は限界なく発達し続け、体が再生されるまでエネルギーを補給します。大師方は薬品を一切使用しません。それは甲状腺に対する思念の集中だけによるものです。

Q 大師方の見解による酸素の影響は何ですか？

A 酸素が呼吸によって自然な形で取り入れられたものなら、それは最大の刺激をもたらす影響力です。それ以外に目的はありません。大師方は酸素を取り入れ、絶えずより大量の酸素を同化するために、呼吸器官を刺激するエクササイズを行っています。

Q 私たちが理解する限り、体のコントロールは呼吸に関連した甲状腺を通して、すなわちチロキシン（甲状腺ホルモンの一種）を通してなされるのではないですか？

A その通りです。それは物質の酸化すなわち廃棄において、極めて重要な役割を担っています。また、体が使用できるように酸素をシステムに取り入れ、血液に取り込む役割も果たしています。

Q 甲状腺の活発化では得られない若返りをもたらす性腺の間細胞刺激ホルモンを通して達成された影響はいかがでしょうか？　甲状腺の活発化によって体の若返りを誘

発する何らかの方法があるはずですが、腺の移植等によって、間質性腺を通して若返りが達成されたという明白な証拠がありません。

A しかしながら、そうした方法では、恒久的な若返りにはなりません。甲状腺が特定の活動レベルまで到達すると――スピリチュアルな感覚が起こるまで――あなたの若返りのシステムが作動し、恒久的になります。するとあなたの若返りは永久に続くのです。

腺の移植や、その他純粋に物理的な方法では、持続期間に限界があることに気づくでしょう。一方、**スピリチュアルな発展を通した若返りには、時間的な限界は一切ありません。スピリチュアルな発展と、スピリチュアルな活動を組み合わせた腺の活用を通してもたらされる若返りは、明らかに恒久的です。**性腺に頼る必要は皆無です。

東洋世界においては、スピリチュアルな活動は若年から実践していいと、主張されています。彼らは特定のトレーニングを、相当なレベルまで子供たちに施します。カルカッタ大学でも、それはスピリチュアルな変容として知られています。

５００年以上もったエミール師の体。顔には老化の跡形も見られず、高い波動の状態が保たれていた

Q　エミール師の体は、５００年間もったのですか？

A　そうです。５００年間以上です。それは外見から判断する限り、ずっと若さを保っているように見えます。

Q　その体は、肉質の点ではどう違うのですか？

A　質感がより繊細です。あなたはきめ細やかな状態に気づくでしょうが、一見したところ、細胞の構成においては何ら相違は見られません。高い波動の状態は保たれていますが、これにはさほど気づかないでしょう。即座に目を引くのが、顔の表情です。そこには老化の跡形も見られません。

一般的には、老化の兆候はまず手に出ると言われていますが、彼らの手には老化の片鱗《へんりん》も見当たりません。もちろん顔の表情にも老化は見られません。頭髪は良好に保

たれており、大師方の多くは、決して白髪になりません。

Q 比較的若年の人たち、例えば75〜80歳くらいの人たちが年相応の外見だったとします。彼らに変化が起こり、数年の間に40〜50歳に若返ったとします。これはスピリチュアルな影響によるものでしょうか、それとも内分泌腺系への働きかけによるものでしょうか？

A スピリチュアルな理解がある程度同化することによって、内分泌腺系が機能し始め、自発的に適切な活動に入るのです。その活動はピッタリと調和がとれ、加速化されます。各個人が若さを創造するこの方向へと進んでいます。私たちは、これが極めて短期間のうちに達成されたのも目撃してきました。その中でも、際立ったケースを一つ紹介しましょう。

私の祖父の下で働いていた年老いた下働きのクーリー（労働者）の一人が、私たちの遠征に同行したいと申し出ました。私が、「いや、君は年を取りすぎているから無理だ」と断ると、それを聞いたエミール師は、「彼が同行したいのなら、行かせてやりなさい」と、言いました。クーリー（労働者）が戻って来てみると、彼の友人たちは彼本人だと気づきませんでした。彼の髪は黒くなり、完全に若返っていたのです。私たちが知る限り、彼は旅立つまではくたびれ果て、老いぼれた普通のクーリー（労働者）でした。彼は今も健在で、今に至るまで若々しい外見を保っています。

Q 45歳以降に甲状腺を若返らせる方法の一つは、ビタミンを供給する食品を体に取り入れることですか？

A その通りです。そういったことはすべて、最初のうちは役立ちます。

Q つまり、プラーナ（生命エネルギー）とビタミンの間に、なんらかの関連性があるということですね。

A 両者の間には、非常に密接な関係性があります。それは体のホルモンを活動させます。ビタミンはホルモンの活動を促し、ホルモンを増加させます。

Q ビタミンは化学的というよりは、自然のものですか？

A そうです。ビタミンは酵素であり、従って触媒です。

自負心は甲状腺の機能を破壊し、やがてすべてのスピリチュアル活動を破壊する

Q このテーマと恐怖との関連性はいかがでしょう。1918年にインフルエンザが猛威を振るったとき、恐怖心がそれを持続させた根本原因ではないですか？

A 恐怖が沈静化した途端、インフルエンザも沈静化しました。もし恐怖を完全に克服できたなら、甲状腺はいかなるネガティブな感情からも邪魔されなくなるでしょう。愛は完全に恐怖を克服し、即座に甲状腺の活動を刺激します。

Q 私は、多くのファキール（魔術使い行者）や真の悟りに達成した人々が、クギやガラス、あらゆる種類の毒薬等を飲み込んで、ある期間は平気でいても、その後卒倒してしまうという話を聞いたことがあります。彼らはおそらく数か月か数年の間は、一見したところなんら害を受けずにいます。X線写真で見ても、数か月前に飲み込んだものは写っていません。そうしたケースでは、究極的には一体何が卒倒の原因なの

でしょうか？

A その原因は、基本的には自負心です。人間が自分自身が奇跡と呼ばれる物事をなすパワーだと信じるように催眠術にかかった時点、すなわち、意識的な活動のなかで、彼の個性が内に在るキリストを超えて主張するとき、甲状腺は酸化防止剤の分泌と分配を停止します。自負心ほど、甲状腺の機能を即座に破壊するものはないでしょう。自負心はすべてのスピリチュアル活動を破壊するのです。

第16章

限界からの脱却／疑惑、恐怖、迷信という障壁を超える

トウモロコシが7分で成長した／人間自身の進化の欠如から、人は植物に対しても制約を課している

もしパンを必要としている人が手を差し出すと、その手に一斤のパンが即座に現れるのを目撃したなら、私たちは、畏敬の念に打たれて呆然とするでしょう。この現象は西洋世界の人々にとっては、自然に反する奇跡に思われます。しかし、綿密に研究してみると、似たような現象を達成することは、誰にとっても完全に可能であることがわかります。私たちは、自分に属するすべてのものを持っているのです。すべてはここにあるのであって、どこか別の場所から持ってくる必要はありません。すべては、すでに達成されているのです。私たちに必要なのは受容することだけであり、そうすれば私たちはすべてを使えるようになるのです。

インドにいるファキール（魔術使い行者）について、私は何度か言及しました。彼が空中にロープを投げて、観衆の中から一人の少年を呼び、そのロープを登らせます。その少

年はたいていロープのてっぺんで消えてしまうのですが、時にはてっぺんでまだ見える状態のこともあります。明らかに激怒しているファキールは、少年を追ってロープを登ると彼の両腕と両足を切断してしまいますが、結局後悔して少年を元通りにするのです。

私たちはこの出来事を写真に収めようとしましたが、フィルムには何一つ写っていませんでした。一体何が起こったのでしょうか？　この現象を調査してみると、催眠的影響には12の段階があることが判明しました。ファキールはイメージを極めてスピーディーに、かつ鮮明に投影することができるので、観衆はそれを現実だと受容したのです。

この一件がきっかけで、完全に新たな研究の分野がスタートしました。現在、ある特定の光線を一区画の土地に24時間照射することによって、その土地に植えたトウモロコシの種を、7分間のうちに2本の穂に成長させることができるのです。別の研究グループは、通常では6年かかるグレープフルーツの果実の木を、6か月で成長させることに成功しました。

この実験の中で、私たちは成長を比較するために、光線を照射していない一区画の土地にもトウモロコシの種を植えました。後者の細胞の成長率が1秒間に900万個だったのに比較して、前者の方は1秒間につき960億個の成長率でした。私たちがこの実験において成功したのは、自然を加速化させることだけです。そこには不自然な奇跡はなんら存在しません。

弟子たちがイエスに、「食べ物が必要なのに、収穫までにはまだ4か月ある」と言ったときの出来事も、同じ法則に関連しています。イエスは言いました。「畑を見よ。穂は刈り入れるばかりになっている」。私たちは、いつもそれを奇跡と呼んできました。しかし、イエスはそれは奇跡ではなく、「私たちが当然だと受け入れている遅々としたプロセスこそが、不自然だ」と言いました。私たちは自分自身の進化の欠如から、自然を、私たちの制約にしたがって呼応するレベルに留めているのです。人々はトウモロコシが成長するのに4か月かかり、グレープフルーツの木が育つのに6年かかると言いますが、現在では私たちがそれらの制約を手放すなら、自然は即座に実相界の中で成長するということが判明しました。

トゲを落としたサボテン／自然のプロセスから障壁を取り除くだけで、調和が一瞬にして実現する

この実験には資金がかかりますし、すべての人にとって実質的に証明されるのが、いつになるかはわかりません。けれども、それが実現するよう、ビジョンに描くことはできます。私は、かつてアルミニウムが1オンス（約28グラム）につき450ドルだったことを覚えています。それが今や日用品となりました。同様のことが努力を投じるすべての分野で起こっています。

偉大なる現象の多くは、ずっと実存の中にあったのですが、自分自身が制約を課しているに過ぎないと人々が気づくまでに長い時間を要したのです。多くの場合、実験的作業は間違った方法でなされています。私たちは、それが特定の結果を達成すると信じて特定の状況を設定します。しかし、現在私たちはすべては自然の中でも実存の中でもうまくいっているのだと最初から認識したうえで、実験よりも結果の方に注目しています。

金属製の容器に種を蒔いても、それに生命を表現できる誰かが現れない限り、種は発芽しません。現在では生命をとても強く投影できるために、それをあらゆる物質に貫通させられる人々がいることが知られています。自らに向けて放出された生命力に接触した瞬間、種子の成長のプロセスを始める中心にそのエネルギーが集中する様子を観察することができます。発芽する生命パワーが30％しかない種子を、90％まで増幅できる男性が太平洋沿岸にいます。実験は、生産性が向上する土壌で行われました。

私たちは自然に制約を課します。自然は私たちと完全に調和して働き、応答が現れるのを私たちが許容する限り、その調和は一瞬にして実現するのです。草の葉一枚、木一本、花一輪といえども、はじめにそれそのものから生命が投影されない限り存在し得ません。

類《たぐい》まれな実験を行った芸術家がいます。彼は目の前に花を置き、自分がその花に色づけしたいと望む色をカンバス上に描いたのです。その結果、極めて美しい花が現実のものとなったのです。彼は別の実験も行いました。サボテンをガラスケースの中に入れ、その前に座り、「あなたはもう守られているから、トゲは必要なく、それを落とすべきだ」と話しかけたのです。すると、サボテンはトゲを本当に落としてしまったのです。

私たちは「神が木を成長させるのだ」と言います。神はそうしますが、それを実相界に顕現させるには、人間による表現の放出が必要なのです。私たちは、すべてのことを成し遂げられるのです。まずは受容し、次に疑惑、恐怖、迷信を取り払うことによって、自然のプロセスから障壁を取り除くのです。そうすれば、「畑は、刈り入れるばかりになっている」のです。

イエスはこうした現象のすべてを知っており、それらを完全にマスターしていることを、示すことができます。彼は人々が制約を手放すか、あるいは許す限り、彼らも彼と全く同じことができることを、すべての人にためらうことなく証明したのです。なぜ私たちは、こうした制約を持っているのでしょうか？　それは私たちは事実を認識する代わりに、低い次元を通して思考を投影させるからに過ぎません。

恐怖心を取り除くには、恐怖心を「ただ許すこと」

【質疑応答】

Q 体から光が放出されているところを写真に収めた証拠があるというお話でしたが、その実験結果は公表されているのでしょうか？

A そのラインに沿った写真を使った作業は、私たちのメンバーによってカルカッタにある私たちの研究所でなされました。写真による証拠は、さらに確固たる研究をすることが望ましいので、まだ世界に公表していません。

イギリスにも同じ研究を進めている人々がいます。彼らは沈黙のうちに実験をしており、私たちは彼らの名前の公表を控えています。もっとも、彼らの側から名前を伏せてほしいとのリクエストがあったわけではありませんが。

私たちは彼らと写真を交換しましたが、彼らが得た結果は私たちのそれと全く同じでした。それは高速カメラと呼ばれるもので、現在ムービーカメラと呼ばれているものよりも進化したものです。

Q 病気の友人は、どうやったらサポートできますか?

A 本人が病気を表現しない限り、病気というものは存在しません。私たちは言葉にすることで、自分および他者をいかなる状態にでも留《とど》めてしまいます。よって強く推奨されるのは、健康および完全という考えを構築するために共感のエネルギーを用いることです。彼らが自身の中に完全なる考えを抱くよう、そして外に向かって完全さを表現するよう促《うなが》すことで、彼らを助けることができるのです。

Q どうすれば恐怖心を取り除くことができますか?

A 恐怖を、ただ許すことです。恐怖というものは、たいてい自分が理解しない事柄についてその人が抱く心の姿勢です。あなたが、神の強さは自分自身にあり、本当の自分の根本的な性質は何物も侵害することができないということに気づけば、すべての恐怖の感覚はあなたから消え去っていくでしょう。

第17章

永遠の若さ／完璧さが流入してくるとき、それは表れる

ポジティブ思考は若さ、美しさ、純粋さをも達成する

子供が誕生した瞬間、私たちは70歳という制約をこの子に負わせます。そうすることによって、私たちは真実とは相容《あいい》れない状況を子供に構築するのです。もし老齢をゴールにする代わりに若さをゴールとして設定し、確固たるポジティブな姿勢で前進するなら、私たちはそれに到達するでしょう。

今日では男性も女性も、このようにして永遠の若さを達成していることは、よく知られている事実です。私たちの偉大なる科学者たちは「7歳以上の人間の体は現実には存在しない」と述べています。あらゆる細胞は完全に若い細胞に生まれ変わり、9・4か月以内に入れ替わることが証明できます。

多くの人たちは実際、若さ、美しさ、純粋さ、完璧さをゴールとして表現しています。しかしながら西洋世界では、概《おおむ》ね老齢を理想のゴールにしてきました。私たちが老齢を崇

拝するのと同じくらい、確固として若さを崇拝するなら、私たちはそれを達成できるでしょう。実際私たちは、何かに相反するものを達成することは不可能なのです。

私は、決して老齢を非難することを意図していません。インドでは数百年生きている人たちがいることを確実に知っていますが、私たちは彼らをその老齢ではなく、彼らが顕現している若さと美しさゆえに崇敬しています。

いわゆる癒しというものを、私たちは数多く目撃してきました。しかしそれは、その人から完璧さを引き離し続けている状況を取り除いたときに、万人に備わる完璧さを受容することに過ぎないのです。完璧さが流入してくるとき、それはその人が部分的に影響を受けている思考に関係なく、完璧さを表現します。

誰一人として、少なくとも一定期間は他のすべての状況を忘れてそのゴールと一つになるまでは、何一つ達成することはできません。もし私たちがゴールを達成するために、ポジティブで確固たる事実を述べるなら、思考をいかなるネガティブな状況にも決して変化させることなく、直ちに達成するでしょう。この法則は、ポジティブ思考のすべてのあり方に機能します。

大師方は、私たちにとっては奇跡としか思えないような癒しや他の顕現に関する現象は、実際には一切存在しないと教えています。もし私たちが丹念に観察するなら、すべての形体、すべての原子、すべての細胞、すべての思考のあり方に完璧さが存在することに気づくだろうと述べているのです。私たちは、自分自身を外界の状況――何らリアリティーのない状況――に慣れ親しむことを許しているに過ぎないのです。

イエスの弟子たちは師弟関係を手放した瞬間、マスターになることを選んだ

【質疑応答】

Q イエスが現在も彼の体のままで生きているなら、弟子たちはどうなったのでしょうか？

A 彼の弟子のうちの3人が現在も生きており、彼と共にいます。他の弟子たちにつ

いては知りません。彼らが弟子であり続ける限り、イエスに追従することができますが、大師となったとき、彼らはもはや追従する必要はありません。

おそらく弟子たちは全員スピリチュアルな達成を果たしたのでしょう。それこそが、イエスが表現したかったことです。彼は、彼らが師弟関係を手放した瞬間、彼ら自身がマスターとなることを示したかったのです。その理由から、彼は言いました。「見よ。キリストはここにいる」。これは彼自身だけのことを言っているわけではありません。

Q 人々はキリストをさまざまな形体で見ると言っています。

A それはあなたが見ている状況に過ぎません。あなたが表現するキリストが、常にあなたが対面するキリストなのです。

Q なぜ大師方に会うためにインドに行くのですか?

A 再三にわたってお答えしてきたように、あなた方は彼らに会うためにインドに行く必要はありません。

Q それは、私たちは、自分が上昇させた波動のレベルに見合ったものだけを見るという風に説明できますか？

A 私たちは、思考を大師のレベルに上昇させます。

Q 「私は在る」という言葉は、神という言葉と同じ価値を持っていますか？

A それらは同じ影響力を持っていませんが、両者ともに莫大な影響力を持っています。前者からはサイキックな影響を受ける危険性がありますが、神という言葉なら、あなたはダイレクトに神に到達することができます。

第18章

内なる法則を満たすシンプルな方法

すべての原子・細胞は完璧。宇宙の恩恵を阻んでいるのは信念の欠如のみ

私たちが自分自身にもたらす状況のいくつかを取りあげたいと思います。

まずは老齢という状況です。老齢はこの宇宙のシステムには、実質的な形体としては存在しません。老齢は真実の中には含まれておらず、人間が自分自身に対して考えるか、あるいは表現することの結果なのです。

しかしながら、健康上の問題というものが存在します。私たちは、数多くのいわゆる癒しを目撃してきました。癒しというものは、すべての個人に備わる完全さの受容に過ぎない、ということが証明できます。自分自身を完全であることから遠ざけていた状況を手放すことが、完全さの受容です。完璧さは、個人からの想念なしに流入し、それ自身を表現します。そして、無意識のうちに制約を手放します。自分が設定したゴールに到達するとき、完璧さが顕現されます。顕在意識が変化を達成したものとして受け入れるとき、健康

は必然的に顕現されるはずであり、それ以外の何事も起こり得ないということは明白です。

ニューヨーク州である秋の早朝のこと、地面は約2インチ（約5センチ）の雪で覆われていました。学校の校庭に少年たちのグループが集っていました。彼らは校庭の隅にある木まで、雪上に小枝で最もまっすぐなラインを引くことができるのは誰かを競おうとしていました。少年たちは一人ずつトライしましたが、皆線が歪んでしまい、次の少年にバトンタッチしていました。すると、最後の少年が登場しました。彼は木までまっすぐに歩き、彼の引いたラインは1インチ（約2・5センチ）も歪むことがありませんでした。

私はこれに興味がそそられたので、「コツはなんだったの？」と訊ねると、少年からこんな答えが返ってきました。「僕は視線をそらさず、ただ木だけを見ていたんです。自分の足や、それがどこに向かっているかに注意を払いませんでした。僕が見ていたのは、木だけだったんです！」

これが、シンプルな方法でゴールを達成する方法です。木というゴールは、完全さを象徴していました。足の位置を意識することなく、ひたすらゴールだけを見据えることによって、彼の思考が投影された地点まで、まっすぐな線を引くことができたのです。

私たちは、インド中で数えきれないほどの癒しを目撃してきました。しかしながら、この国では何らかの状況が同様の恩恵を阻んでいることも事実です。明らかにそうした障壁を生んでいるのは、信心あるいは信念の欠如です。**完璧さは常に、あらゆる形体に存在しています。すべての原子は完璧です。**すべての細胞は、法則に従って配列されています。完璧さは私たちの体のみに現れるのではありません。私たちは他の状況、すなわち全く現実ではない状況に慣れ親しんでいるために、完璧な状況は本人の自分自身に対する考え、自分自身に対する表現から分離してしまっているのです。結果的に、私たちには不調和と分離だけが生じているのです。

木までまっすぐ歩いた少年のように、私たちは自分自身の内なる法則を満たすように、完璧さのゴールの思考を設定すべきなのです。

片腕をワニに食いちぎられた男性の腕が、1時間以内に元通りになってしまった

【質疑応答】

Q　腕を失った男性の話を詳しく教えてくれませんか？

A　私たち一行は、ガンジス川を移動していました。私たち一行以外にも26人随行していました。10時に船を河岸につけると、人足たちは昼食を取り始めました。そのうちの一人が居眠りしてしまい、片手が水中に浸《つ》かっていました。そこへワニがやって来て、彼の手を食いちぎってしまいました。男は岸に跳ね上がると、一人の男性に大声で呼びかけ、彼に向かって歩き始めました。人足がこの人物と面と向かい合うまでには痛みは消え、出血が止まっていたことを、写真が示していました。

私たちは、このときの模様を45分間連続写真に収めましたが、最後の8分間には、すべての写真が手が完全に元通りになっていることを示していました。その日の午後2時には、彼は船の自分の席に戻っていました。白人は一様に驚愕《きょうがく》の様子でしたが、

地元の人たちは、当然のこととして受け流していました。一行の中で大勢が写真を撮り、私たちは写真に彼らのサインをもらいました。

Q ダーウィン理論は正しいですか?

A いいえ、人間は常に至高の存在であり続けてきました。多くの人たちが他のどこかの惑星から、地球上のエレクトロン［電子］に生命要素が投影されたと信じています。それは、動物から人間への進化のプロセスではないのです。私たちは証拠を提示することができますが、人間が動物よりも先に地球に存在していたということが最終結論だと断定することはできません。

Q 死後、霊魂が体に留まっている平均的時間はどれくらいですか?

A 霊魂は即座に体を離れ、明らかにその体をもはや必要とはしません。霊魂は自身にとって、より良い、あるいはより高次の体を求めるようです。それは自発的に上昇するようです。

Q 大師方は、自分たちの教えを世界に広めることを奨励していますか？

A 私たちは、彼らが何かの公表を控えるのを、一度も見たことがありません。それは受け取る意志のあるすべての人たちに自由に与えられています。大師方は、なにものをも区別しないのです。

ベアード・スポールディング氏の原稿と記録

「主の祈り」の原形／ある修道院で見つかった、磔刑後のイエスの人生50年の記録から

父なる神よ
あなたはこの日、私たちの前に姿を現しました、
絶えず存在する原理として。
御名があがめられますように。
私たちはそれがエロヒムであることを知っています。
私たちがあなた、神のみが思い描くように、この日を生き、知ることができますように、
絶えず純潔で完全な神よ、
あなたが、その「完璧さ」を人間に示されたように。
そしてその「完璧さ」は、あなたの子、あなたの唯一の創造物として現れ、
ただそれだけを通じて、明らかに示されるのです。
私たちが、あなたの子を知ることができますように。あなたが人間を知るように、あな

たのことを知ることは、私たち自身を知ることなのだから。

これを知るとき、私たちは、あなたの道の他、いかなる道もたどることはないのだから。

このように、私たちは知っているのです、これが私たちにとっての神の道であることを。

父なる神よ、私たちは日々、はっきりとわかっているのです、人がこの神の国にもたらしたあらゆる罪を、私たちが許してもよく、実際に許していることを。

それゆえ、人間がもたらしたものを、あなたの創造物であると主張する気にはならないのです。

父なる神よ。

今一度、御名があがめられますように。

父なる神よ。

イエスはずっと真のキリストを表し続けてきた

人はキリスト、また人間イエスについて想像し得る、あらゆるもっともらしい話を考え出し、印刷物として表し、繰り返し説いてきましたが、実際のところ、イエスはずっと真のキリストを表してきたのであり、今日も表し続けています。それは、あらゆる個人の中に存在し、絶えず存在してきたもの——神人、つまり純潔で、全く汚れのない存在が、完全な生命と形（体）となって現れたものです。

このエマヌエル寺院は第1独房の中に、完全な形としてあります。まるで、どんぐりの房のまさに中心部に、どんぐりが実る要素が含まれているように。そしてキリストはこの第1独房から完全な姿として現れ、人間の邪悪に許しが与えられるのです。

内なるキリストに語りかけよう

内なるキリストに語りかけ、自分は誰なのかと訊ねてみなさい。返ってくるのはいつも「あなたは神です」という答えでしょう。なぜなら、キリストは絶対の真理しか話さないからです。だから、他の考えは持つ必要はありません。キリストはいつも正しいのです。

宗教／人々は祖先の習慣をただ従順に受け入れることだけに満足している

神性科学（Divine science）というものがありますが、これは全人類の心の科学です。私たちのあらゆる知識は、あまり一般的でないものからより主要なものへ、または一般的なものから特別なものへと進展する知識に基づいています。しかし、知識にはそれぞれのもととなる経験があります。精密科学と呼ばれるものにおいて、人々は容易に真実を見出《みいだ》します。なぜなら、それはあらゆる人の個人的な経験に訴えるからです。

科学者は何でも信じることは要求しないものの、自身の経験と、そうした経験についての推論に基づく確かな結果を持っています。科学者は自分の結論を信じるよう求めながら、人間の何か普遍的な経験に訴えているのです。あらゆる精密科学において、全人類に共通する普遍的な基礎があり、よって人々はそこから引き出される結論が真か偽か、すぐにわかるのです。

そこで問題です。正統な宗教にはこうした基礎となるものがあるのでしょうか？　これまで一般的にほぼ世界中で説かれてきた宗教は、忠誠や信念に基づいていると言われますが、多くの場合、異なる理論だけで成り立っており、そのため宗教間のさまざまな争いが起こるのです。こうした理論もまた、信念に基づいています。

「雲の上にいて世界全体を統治している偉大な存在がいる」とある人は言い、その主張をそのまま信じるよう私に求めます。同様に、私も自分の考えを持ち、他の人に信じることを求めてもいいわけですが、もし理由を訊ねられたら、私は何も答えられません。最近宗教や形而上学的哲学の評判が悪いのはこのためです。

教養のある人はみなこう言います。「ああ、こうした宗教は判断する基準のない理論の寄せ集めに過ぎません。人はそれぞれ、自分の気に入った考えを説いているんですよ」と。それでも、私がぜひ言いたいのは、あらゆる宗教的な信念を支配する、「普遍的な信念の確かな基礎」があるということです。こうしたすべての基礎に立ち返れば、宗教的な信念はみな、普遍的な経験に基づいていることに気づきます。

このように、世界のすべての宗教は、あらゆる知識が持つ普遍的で確固とした基礎の上に成り立っているのは明らかです。ただ、ここに変化が起きています。こうした宗教の多くについて、とりわけ現代、ある独特な意見が現れ、宗教のもとになっている経験は今日では不可能だと主張しています。つまりそうした経験というのはごく少数の人、自分の名前を持つ宗教の創始者だけに可能だというのです。

現代においてこうした経験は役に立たないものであり、そのため人は今、信念のために宗教を受け入れなくてはならないのだというのが彼らの主張です。この理論は今明らかに否定されるでしょう。なぜなら、もしこの世界に、ある特定の知識分野において、ある経験の実例が存在してきたとすれば、その経験はもう遥か前から存在し、この先も永久に繰り返され続けるだろうと真に言えるからです。不変性は自然の法則であり、人類のために一度起きたことはいつでも起きるはずです。

他の大義にもまして、神の名のもとに数多くの誤ったことが言われてきましたが、その理由は根源まで遡ることができないからです。つまり、人々は祖先の習慣をただ従順に受け入れることだけに満足しているのです。そして他の人にもそうあることを求めました。

けれども、「自分が魂を持っていると確信をもって言えない限り、人は魂を持っていると言ってはいけない」などという権利は誰にもないはずです。また自分自身が「神」(God)として知られる「絶大な力」であることを完全に知らない限り、力が存在するとか使おうと思えば使うことができるなどと言ってはいけないという権利もないはずです。

あなたは「運命を決める主」。そのことに思考を集中させよう

今日よく知られているのは、自分の外にある神に関するどんな追求も無駄だということ――なぜなら、そうした追求は、とりとめのない話を続けていれば、いつか自分の外の「重要な存在」を見つけられると信じることだからです。

人類は知っています、真実は自分の中にあることを、また真実は自分の中の奥底で経験されるはずであることを。そのとき、すべての疑念や不調和、暗闇が消え去ることを知るでしょう。

このあらゆる暗闇の外に道があります。そして、それは自分が「神の原理」の道であり、その「原理」において自己が確立するのだと知ること、それ以外に道はありません。

まず、すべての科学にはそれぞれの研究法があるはずです。もし天文学者になろうと思ったら、ただじっと座って「天文学、天文学」と叫ぶなどということはしないでしょう。その学問について深く追求しないかぎり、決してその夢は達成できません。同じことが他の基礎科学についても言えます。ある方法に基づき、その専門を深く追求し、すっかり受

け入れること、そうすれば目的が完全に達成可能になること、そしてその達成はまさに自分自身の中にあり、その達成能力は自分が発揮するものであることに気づくでしょう。

それぞれの科学にはそれぞれの方法があるはずです。そして私たちが自分の中に神の真実を追求するとき、それはすべての神性の現れであることがわかります。実は、これはあらゆる国、あらゆる時代の賢人たち――ただ世界をよくするという目的だけを持つ、純粋で利己的でない人々の真実なのです。

あなたが純粋な神性の持ち主であり、あなたの運命を決める主であるということに集中しましょう。思考をそのことに集中させ、神の完全な意味とアクションに気づくための、真の科学と見るべきことを知りましょう。そうすれば、基礎にたどり着き、私たちが自由な束縛されない魂、完全な神であること――人生（生命）はほんの短い年月ではなく、永遠のものであることを完全に知ることができるでしょう。真の目的は、自分が神であるということを知り、同時に人間でもあるということに向けて思考を集中することなのです。

人間の心に限界はない。集中すればするほどさらに強い力が生まれる

すべての人は「なぜ」と問い、それに対し自分で答える権利を持っています。この中に、あらゆる愛、英知、力、そして豊かさがあるのです。これは自身を完璧な神に当てはめ、神は自分だと見なすことを意味します。

こうした事実に集中するときは、あらゆるつまらないもの、つまりこれまで潜在的、または主観的な意識の中に無理にためこんできた考えや言葉はすべて、捨ててしまいましょう。そうすればまもなく、世界全体に向けた神の目的があること、自分がその神の目的と同じくらい普遍的な存在であることに気づきます。また、自分の体があなたの考えと同じくらい汚れなく、清らかであることも知るでしょう。

どんな疑問にも答えられると保証するとき、自分でそのものが真実であるかを見極めるまでは、何も信じるべきではありません。真実には確立するための支えは必要ありません。「目覚めた状態にある」という事実は、証明されることを求めません。目覚めは瞬時に起こるものかもしれないし、長期にわたる繰り返しの実践を要するかもしれません。決定的

な要因は私たちなのです。今以外に時間はありません。目覚めるときは今であることに気づくのです。

「そんな知識が何の役に立つのか？」と疑問を持つかもしれません。その答えはまず、知識そのものが知識の最大の報酬であるということ、次にその知識の中にも有益さがあるということです。知識はあなたのあらゆる不幸を取り除いてくれるでしょう。

自分の心を分析することによって、何か決して破壊されないもの、その性質によって永遠に純粋で完全であり続けるものと向き合うときは、もうみじめでも、不幸でもありません。すべての不幸は恐れから、満たされない欲求から起こるのです。

この知識を得る唯一の方法があります。つまり、集中することです。化学者は研究室で心の全エネルギーをある焦点に集中させ、そのエネルギーを分析している物質に注ぎ、そこに秘められた謎を見出すのです。天文学者は心の全エネルギーをある焦点に集中させ、そのエネルギーを、望遠鏡を通して空に向ける、すると星や太陽や月がその秘密を明かしてくれるのです。

世界のこうしたあらゆる知識の獲得には、心のパワーを集中させる以外に方法はありません。人が自然をノックする、つまり必要な打撃を与える方法を知っていて、その打撃の強さや力が集中することによって伝われば、自然は進んで秘密を明らかにしてくれます。**人間の心の力に限界はありません。集中すればするほど、さらに強い力が生まれる、そしてそれが秘訣《ひけつ》なのです。**

この世界における秘密や不可解なものは何でも、すぐに捨て去られるべきです。人生にとって最良の導き手は強さです。あなたを弱くするものはすべて捨てましょう。そうしたものには関わらないことです。謎に憂き身をやつすことは、人の脳を弱めてしまいます。

この科学がほとんど破壊されてしまったのも、そのためです。しかし、この科学はさまざまな科学の中でも最も偉大なものの一つなのです。発見されて以来、インドにおいて詳細に、系統立てて解説され、教え伝えられてきましたが、現代の解説者になるにつれ、ますます大きな間違いを犯していることは驚きの事実です。書き手が古い時代の人であればあるほど、道理にかなっています。こうしてこの教えは、広く公表され、根拠が明らかにされる代わりに、それを秘密にした人々の手に陥ってしまいました。そして彼らはその力を独り占めにするためにそうしたのです。

「自分を神だと受け入れる」完全な決意をもって前進する

神は振動性の「力」であり、それはあなたに関するすべてを始動させることができるのですが、これはつまり、あなたこそが自分に関するすべてを動かせるということです。そして自分のために使えるあらゆるものが、あなたのためにあるのです。

神は、人と神が一体となって行わないかぎり、その力は現れません。神はすべてのものであり、すでにそれらは存在していますが、じっと静かにしているため、すべて宝庫の中にあふれるほどあるにもかかわらず、私たちは気づくことができません。私たちがこの宝庫の扉を開ける唯一の方法は、すべてが神であることを知り、神として行動しすべてのものを引き出すことです。人は誰でも、自分が神であることを知ろうと努めていれば、まもなく達成することができます。

自分を神だと受け入れることができる、という完全な決意と共に前進しましょう。そして天国の窓が開け放たれ、受け取りきれないほど大きな天の恵みが注がれるのを見ましょう。この窓が、神の宝庫への入口であり、1度それを開けたら、再び閉じることはありません。1度開けば、いつでもあなたのために開き続けるのです。あなたが閉めようとしないかぎり、決して閉じることはありません。閉じた扉や窓について考えるのは、やめましょう。そうすれば、それらはすっかり開け放たれ、豊かな恵みがすでに注がれているのに気づくはずです。

すべてを手放し、神の霊に意識を集中しましょう。そうすれば神の霊が訪れ、部屋を、そしてあなたの全身も満たしてくれます。この上ない平和があなたの全身に訪れ、決して去ることはありません。こうして、人は神になるのです。

すると、訪れるすべての霊感で満たされます。

思い出してください、エリヤは杯が満たされるまで掲げていたことを。

存在するのはただ神のみです。(神との)分離をどれだけ長く考えてきたかは、全く問題ではありません。分離など、実際にはなし得ないからです。あなたに分離をもたらしているのは、ただあなたの考えなのです。

神の心に秘密はなく、それゆえ私は神の心なのです。あるものすべてが、それぞれすべての人にとって完全に知っていることなのです。

私は神の英知であり、神の力です。この活発な思考の「偉大な宝庫」の中にあるすべてが私なのです。

私たちがより成長し、この崇高で無限の英知を受け入れ、認めれば、容易にこの英知を自身の中に引き入れ、自分の一部にすることができます。人はすべての謎を見抜きます。こうして、誰もがすべてを完璧にする健全さと、最も偉大な力を持っており、存在するものすべてを享受することができるのです。まもなく私たちは、自分が「神の永久の完全体」であり、神と呼ばれる「神霊」であることを知ります。

私は知っています、私が永久の神の目的の完全体であることを。私は完全に知っています、私が神の喜びと幸せの永久の目的であることを。

なぜ知っているのか？　私はすべてそのまま体験したからです。なぜ私はこのことについて、これほど喜びにあふれているのか？　なぜなら誰もが、まさにこうした存在になることができるからです。

みなさんは本当に有能なのです。誰もくじけたり恐れたりする必要はありません。みなさん、それぞれが全能の神なのです。ただこう言えばいいのです。「神――私は永遠の生命。神――私は永遠の知性。神――私は永遠の英知。神――私は永遠の豊かさ。私は神である、他の人たちと同じように。すべての子供、すべての人が神である」と。ここに推測の余地はありません。すべての人が知るべきなのです、自分も他の人も神であり、神の活力においてできないことは何もないということを。

イエスは言いました。「重荷を背負っている人はみな、私のところに来なさい。そうすれば解放してあげましょう」。つまり、あなたの重荷となる考えすべてをイエスに委ねれば、あなたはあらゆる重荷から完全に解放されるということです。イエスはその重荷を捨て去るので、あなたはその重荷となる考えを、自ら拾い上げないかぎり、再び重荷を背負うことはありません。これが、重荷から解放される単純な方法です。

イエスは重荷となる考えを捨て去り、あなたはそうしたものから完全に解放されます。克服（支配、征服）するキリストは、あなたに完全な自由を与えます。あなたの中にいる克服するキリストに、あなたを自由にする機会を与えましょう。

世に生を受けたすべての人を照らす「光」について
――ベアード・スポールディング追悼演説

デイヴィッド・ブルートン

『ヒマラヤ聖者への道』第3巻の中に、こんな出来事が書いてあります。長い間マスターたちの会合の場であった寺院を、侵略者の集団が襲おうとしていました。寺院のふもとにある村は脅かされました。侵略者がすべてを遂行することはもはや避けられないように見えた決定的な瞬間に、次のような場面が出現します。

岩棚で作業をしていた仲間の1人が、手を止め、向かってくる集団を見ていました。すると彼は振り向き、寺院の中央部屋の入口へと続く扉をじっと見つめました。

私たちの双眼鏡はみな、イエスの姿に向けられていました。イエスは扉を抜けて岩棚の上を歩き、崖の縁へとまっすぐ進み、しばらくじっと佇《たたず》んでいましたが、その様子は気高く落ち着きに満ちていました。

そこは私たちが隠れていたところから800フィート（約244メートル）ほど上で、

ほぼ3マイル（約4・8キロ）離れていました。すぐに私たちは、イエスが話しているらしいことに気づき、次の瞬間、その言葉がはっきりと私たちのもとに届いたのです。仲間は腰を下ろすと、走り書きでその言葉を書きとめ、私もこれにならいました。後でそのメモをくらべてみると、イエスの言葉が、向かってくる侵略者集団の大声以上にはっきりと聞こえていたことがわかりました。とは言え、イエスは声を程よく加減した大きさ以上に張り上げていたわけではありませんでした。

イエスが話し始めたとき、完全な静けさが村と村人全体に訪れました。これらはイエスの言葉で、イエス自らによって英語に翻訳されたものです。私が最も熱心な祈りを捧げるとき、これからもずっと言い続けるでしょう、たとえ1万年生きることになっても、この言葉を決して忘れませんと。

「あなたの偉大な静寂の中に1人立つとき、父なる神よ、私の中に清らかな光が輝き、私全体が、その偉大な輝きで照らされます。生、愛、強さ、純潔、美しさ、完璧さが私の中であふれます。この光のまさに中心を見つめると、他の光が見えます――澄んだ、やわらかな、金と白の混ざり合う　まばゆい光――それはより『偉大な光』のやさしくなでるよ

うな輝きを吸収し、生み出し、放つのです。

今私は知っています、私が神であり、神の世界全体と一体であることを。私は父なる神にささやき、穏やかさに満たされています」

「けれども、この完全な静寂の中に、『神の最も偉大な活動』が存在します。再び、私は穏やかで、完全な静けさに包まれます。今、このまばゆい光が神の広大な世界と、神の存在が感じられるあらゆる場所に広がります。今一度、私は恐れずに言います。私は神であり、心静かで、恐れていません」

「私はキリストを自分の中で高め、神への賛美を歌います。私の歌声に、霊感があふれます。しだいに大きく、『グレートマザー』(大自然の女神)が私の中で新たな生を歌います。日ごとに大きく、鮮明さを増し、霊感は私の意識的思考を神のリズムに合うようになるまで高めるのです。再び、私はキリストを高め、喜びの音楽が聞こえるよう、じっと耳を傾けます。私の主音はハーモニーで、歌のテーマは神、そして神は私の歌が『真理』だと保証されるのです」

「あなたの霊の偉大な光によって、私は解き放たれます。父なる神よ、あなたのしるしが私の額につけられました。私は受け入れます」

「あなたの光を高く掲げます、父なる神よ。再び、私は受け入れます」

ベアード・スポールディング氏の真の使命は『ヒマラヤ聖者への道』の執筆にあった

今日、私たちは偉大なる人物に敬意を表するため、ここに集まっていますが、私たちの間では、その方の生命を、物理的な体としては永眠されたと捉えていることでしょう。

肉体が死を迎えたとき、生命の重要性が強調されることは珍しいことではありません。エジソンの人生は、日常の活動をやめた後、きわめてはっきりと際立っていました。ヘンリー・フォードも、ジョージ・イーストマンも、ジョン・D・ロックフェラーもそうでした。そしてもちろん、ガンジーの人生はその肉体が死を迎えたあと、新たな意味を持ったのです。

偉大な人物の友人や称賛者は、その人物に関する現在の出来事にあまりにも夢中になりすぎて、その人の人生に伴う目的の果てしない広がりを見落としがちです。

さて、ここでしばらく、私たちの友人、ベアード・スポールディング氏が人類のために果たした、ほとんど信じられないような偉業と多大な貢献について振り返ることにしましょう。

スポールディング氏は研究科学者だけでなく、研究鉱山技師としても広く知られています。彼の友人やこの分野で関わりのあった人には、エジソン、フォード、グッゲンハイム、スタインメッツ、バーバンク、そして探検家のアンデルセンといった人々がいます。採鉱と科学研究の活動は、アラスカ、合衆国、南アメリカ、オーストラリア、そしてインドと広範囲に及んでいました。

科学と発掘の活動の他、スポールディング氏は『ヒマラヤ聖者への道』を4巻まで執筆し、世界中の関心を集めました。この75年間、著名人で彼と知り合いになりそびれた人はほとんどいません。科学と採鉱においてと同様、哲学と形而上学の活動における友人には、現代の最も有名な人々が含まれました。たとえばクロード・ブラグドン、ハリール・ジブラーン、ポール・ブラントン、ブルース・バートン、クリシュナムルティ、アニー・ベサント、ブラヴァツキー夫人、そして世界中の形而上学界のリーダーたち。その幅広い友人リストは地球を一周していました。

ベアード・スポールディング氏はシンプルな生活習慣を持つシンプルな人でした。その人柄の最も際立った特徴は親切だということ。性質全体が思いやりにあふれていました。知っているすべての人に対して深い愛情を持っていました。友人に助けを求められれば、どんなに離れたところにいても向かったものです。

また、その経験と記憶の範囲はいずれも驚異的でした。ロサンゼルスのことを知っているのと同じくらいに、アラスカやカナダ、合衆国、メキシコ、南アメリカ、オーストラリア、アフリカ、インド、中国、ヨーロッパ、そして東洋に精通していました。彼と話していると、世界はものすごく小さく思えたものです。

ベアード・スポールディング氏には世界中に多くの友人や知り合いがいましたが、その表向きの活動を超えて理解するほど、彼のことを深く知っていた人はほとんどいません。また、ここで彼の存在の無限の重要性を感じ取った人は、さらに少ないでしょう。彼にとって人生の真の使命は『ヒマラヤ聖者への道』4冊の執筆にありました。

著書の広範囲に及ぶ影響がどんなものなのか、今のところ、はっきり理解するのは難しいでしょう。けれども、スポールディング氏が実際に成し遂げたことについて考えてみましょう。

すべての人を照らす「光」は「永遠」で、「万能」で、「不滅」

著書が刊行される前、世界には同じスピリチュアルな傾向が何世紀にもわたって、ゆっくりと進んでいました。キリストが復活し、生き続けたことを宗教が説く一方、人間との直の接触としてのキリストの人生は、たいていの場合あいまいで非現実的なものになっています。「マスター」という言葉には、恐れ多く、普通の人間の到達とは遥かにかけ離れた想像上の超人的な「神」という意味がありました。

イエスの奇跡は過去の時代に起きたと思われる、重要な出来事として表に出されましたが、それはキリストによってのみなされたことであり、現代の可能性とは結びついていません。イエスが「(私よりも)さらに偉大なことをあなた方はするでしょう」と説いているにもかかわらず。

30年前、スポールディング氏のイエスやヒマラヤ聖者たちとの体験談が世に出たとき、スピリチュアルな理解によるニューエイジが生まれました。まるで広島への原爆投下が原子力の時代の始まりを示したように、彼の最初の本の刊行はニューエイジのスピリチュアルな概念の到来を告げました。この事実にベアード・スポールディング氏の壮大な運命があるのです。

そしてこの30年間、スポールディング氏が――ただ一人で――他のどんな個人や組織団体も、あるいは個人や組織団体をすべて合わせたものが、過去200年に成し遂げた以上に、人類の啓蒙《けいもう》に貢献してきたというのが私の強い確信なのです。

彼の著書は100万部以上、出版されています。これまでデンマーク語、イタリア語、フランス語、ドイツ語に翻訳されてきました。現在、最もよく売れているのはヨハネスブルク、南アフリカ、オーストラリアです。また、イギリス、カナダ、南アメリカからも注文が殺到しています。もちろんアメリカ各州から絶えず注文があることは言うまでもありません。

ベアード・スポールディング作品の影響はニューエイジの中で生き続けるでしょう。それはマスターの教えを説くすべての教師への道を開きました。この点から、それは今ここにいる私たちが引き継ぐべき責任であり続けるのです。スポールディング氏は壮大な義務を達成しました。そしてその義務は、彼だけが成し遂げられる形で達成されたのです。

＊＊＊

このたび、みなさんにある方をご紹介したいと思います。彼はスポールディング氏があの名著を完成させるのに、なくてはならない存在でした。その人、ダグラス・K・デヴォースはこの20年間にわたり、スポールディング氏のパートナーであっただけでなく、ビジネスマネージャーであり、個人的な代理人でもありました。二人の協力があったからこそ、スポールディング氏の作品はこれから先も受け継がれていくのです。

＊＊＊

終わりに、祝禱《しゅくとう》を捧げたいと思います。スポールディング氏のお気に入りのテーマの一つは生を受けたすべての人を照らす「光」についてでした。この会の締めくくりとして、その言葉を紹介しましょう。

世に生を受けたすべての人を照らす「光」があります。

その「光」は「永遠」で、「万能」で、「不滅」です。

生まれるものだけが、死を迎えます。その「光」は人間に届く神。

それは生まれることも、死ぬこともありません。

ベアード・スポールディングさん、さらに壮大な生命の広がりの中でのご無事をお祈りします。

ベアード・スポールディング氏懐古談

ベアード・スポールディング氏は時間や距離を自在に操り、テレポーテーションも可能だった

ロイス・ビンフォード・プロクター

友人の故ネヴァ・デル・ハンター博士はベアード・スポールディング氏を大変よく知っていて、とても面白い話をいろいろと聞かせてくれました。

ベアードは、実は、ベアード・スポールディング3世でした。父親がベアード・スポールディング2世で、とても仲が良かった祖父が1世だったのです！　ベアード3世はいつも祖父を「グランドパピー」と呼んでいたので、本当にインド生まれなのではないかと思ったものです。

ハンター博士は当時、たびたび講演旅行をしていて、アメリカ各地をまわっていました。あるとき、同じ町にいたベアードが連絡をしてきて、彼女が滞在している家に立ち寄りました。彼は興奮して言いました。

「ネヴァ・デル、ちょっと外に出て僕の新車を見てよ。ガソリンスタンドまで一緒に行ってほしいんだけど。オイル交換と点検をしなくちゃいけないんだ」。そこで彼女は同行し、雑談を楽しんでいたのですが、そこへ整備士が困惑した顔つきでやって来ました。

「スポールディングさん、これは新車ですよ。まだひと月しか乗っていないのに、走行距離は5000マイル（約8047キロ）を超えているじゃありませんか。ひと月でどうしたらそんなにたくさん走れるんですか？」

ベアードは笑い飛ばしました。「さあね——僕はただ運転が好きなんだと思うよ」

帰る途中、ハンター博士は言いました。「ねえベアード、いったいこの車でどうやってこんな距離を走ったの？」

ベアードはにっこり笑って「最近、長距離旅行をたくさんしていてね、いつも夜に走るんだ。僕はただ車に乗り込んで言うんだ『さあ、グランドパピー、代わってよ』。で、僕は寝る！　グランドパピーは風のように運転するんだよね」と彼は付け加えました。

ハンター博士はあっけにとられました。「つまり、あなたは運転席で眠り、グランドパピーが実際に運転しているというの？」

「もちろん」彼は答えました。「僕たちはとても仲がいいからね。いつも話をしているんだ」

ベアード・スポールディング氏は時間や距離の感覚が全くないようでした。彼は別の次元で生きていたというか、少なくとも考えていました。あるとき、ハンター博士はサンタバーバラで講演をしていて、ベアードが聴きに訪れました。講演が終わると、彼が歩み寄り、ちょっとコーヒーを飲みに出かけないかと誘いました。彼女は賛成し、車で町を出たのです。

車は延々と走り続け、彼女は一体「ちょっとコーヒーを飲みに」どこに向かっているのかしらと不安になり、ついに彼に訊きました（このときはグランドパピーは運転していませんでした）。すると気楽に言うのです。「ああ、ちょっとこの先だよ。君を友人に会わせたいんだ」

車は午前1時頃まで走り続け、サンルイスオビスポにたどり着き、ある家の前に停まりました。ベアードはドアをノックしてから、小石を2階の窓に投げました。眠そうな声が尋ねました。「誰なの？」

「ベアード・スポールディングだ。コーヒーを飲みに、友達を連れてきたんだよ！」

ガウン姿で降りてきた女性は、二人を家に入れ、快くコーヒーを入れてくれ、その間ベアードはくつろいで話をしていました。女性が二人にベッドの用意をしようとすると、彼は言いました。「いや、ハンター博士のだけでいいよ。僕は泊まらないから。サンフランシスコに行く途中なんだ」

ハンター博士は面食らい、喘《あえ》ぎながら言いました。「じゃあ、私はどうすればいいの？ どうやってサンタバーバラに帰るのよ？」

「心配しないで」と彼はにっこりして「ちゃんと手配はしてあるから。朝になればわかるよ。おやすみ。コーヒーをごちそうさま」。そして行ってしまったのです！

翌朝、朝食中に、女主人の友人が立ち寄りました。「ちょっと寄っただけなんだけど。なんで寄ったのかわからないんだよね。ロサンゼルスに行く途中なんだけど、何かがずっと僕を仕向けるんだ、ここに寄って君に会えってね。君、何ともないよね？」

女性は、自分は元気で問題ないけれど、お客のハンター博士を車に乗せて、サンタバーバラで降ろしてあげてほしいと頼みました。友人は連れができてうれしいと快く引き受け、二人は出発したのです。

ハンター博士がニューヨーク市にいるときは、いつもグレート・ノーザン・ホテルに泊まりました。ある午後、ベアード・スポールディング氏が立ち寄り、気楽な様子で言いました。「今晩カナダに行かなくてはならないんだ、モントリオールの『ウィメンズ・クラブ』で講演をすることになっていてね」

彼らは楽しく話をしましたが、夕方5時になろうとしているのに、彼は出発しようとしません。「講演は何時なの?」ネヴァ・デルは尋ねました。「もう出かけた方がいいんじゃない?」

「とんでもない」ベアードは答えました。「講演は夜7時半からだからね。まだ時間はたっぷりあるよ」

それで2人は話を続け、やがてようやくベアードが別れを告げ、去りました。そのときにはすでに夜の6時近くだったので、ハンター博士はとても不安でした。「空港でさえ間に合わないのでは、ましてモントリオールなんて!」。彼女は7時半前に、モントオリールの講演会場「ウィメンズ・クラブ」に電話をかけました。

「お伺いしたいのですが、ベアード・スポールディング氏はもう着きましたか?」

電話に出た女性は言いました。「ええ、もちろん、ちょうど壇上に上がられるところです」

ベアード・スポールディング1世（グランドパピー）は、まるで今日のいわゆる「ウォークイン」のように、ベアード・スポールディング3世の体に入っていたのではないか、というのがハンター博士の考えであり、私の考えでもありました。といっても完全な乗っ取りではありません。ベアード・スポールディング3世も依然として体の中にいたのです。けれども、グランドパピーは必要に応じて出入りすることができ、どうやらベアードはどんなときも自分が「誰」なのか、本当にはわかっていないようでした。

この取り決めはベアード・スポールディング3世が生まれる前に「あの世」において合意されていたのではないかと思います。このことは彼にまつわる逸話の一見矛盾に思える点を、また他の問題をも明らかにするカギになるでしょう。

THE LIFE OF THE MASTERS OF THE FAR EAST

ベアード・スポールディング氏

TEACHING OF THE MASTERS OF THE FAR EAST

LIFE AND TEACHING OF THE MASTERS OF THE FAR EAST

CALIFORNIA PRESS
Publishers
BROADWAY AND SANSOME STREETS
SAN FRANCISCO, CALIFORNIA

『ヒマラヤ聖者への道』第１巻初版（1924年）のタイトルページ。ここにはスポールディングの名前はありませんが、表紙にあります。

THE LIFE OF THE MASTERS OF THE FAR EAST

Under personal management of Douglas K. DeVorss

BAIRD T. SPALDING

Author, THE LIFE AND TEACHING OF THE MASTERS OF THE FAR EAST

will make the following public appearances in your city to meet you personally, autograph his new book, VOLUME THREE, and answer your questions regarding the teachings of the Masters.

. . . In New York . . .

PUBLIC LECTURES

THURSDAY, SEPTEMBER 12, 1935—2:30 P. M.
THURSDAY, SEPTEMBER 12, 1935—8:00 P. M.
CHURCH OF THE TRUTH, 521 FIFTH AVE., Rm. 728
FRIDAY, SEPTEMBER 13, 1935—8:00 P. M.
UNIVERSAL TRUTH CENTRE SCHOOL, 360 W. 125th St.

FOR AUTOGRAPHING

FRIDAY, SEPTEMBER 13, 1935—11:00 A. M.
R. H. MACY & CO., Inc., BROADWAY at 34th

You and your friends are cordially invited to attend.
Read carefully other particulars.

『ヒマラヤ聖者への道』の著者ベアード・T・スポールディングがあなたの街にやって来ます。皆さんと直接会い、最新作第３巻のサイン会を行い、さらにマスターの教えに関する質問にも答えてくれます。ダグラス・K・デヴォース主催。

A Rare Opportunity to Hear and Meet This Famous Author

BAIRD T. SPALDING

World Traveler, Scientist and Philosopher
Author, LIFE AND TEACHING of the MASTERS of the FAR EAST
Volumes 1, 2 and 3

Although several hundred thousand persons in this country have read and been inspired greatly by Mr. Spalding's writings, only a small percentage of these readers have had the privilege of meeting him personally or of hearing him speak.

During the month of September Baird T. Spalding is making a coast-to-coast tour of the United States speaking in twenty-five metropolitan cities for the purpose of extending the teaching and application of the Master's work. September 30, 1935, he will sail on a trip to India so this will be the last chance to hear him for some time.

Questions such as the following will be answered: "What is the Work of the Masters?" "What is the Way to Mastership?" "Who are the Masters?" "Where Do They Live?"

Mr. Spalding will amaze you with his spontaneous and satisfying reply to even the most difficult questions.

About the Books

THE LIFE and TEACHING of the MASTERS of the FAR EAST

A SERIES OF THREE VOLUMES
By BAIRD T. SPALDING

In Volumes 1, 2 and 3 Mr. Spalding relates in his extremely fascinating style accounts of his actual physical experiences with these Great People in the Far East.

Volumes 1 and 2 were only published a few years ago but have already sold approximately 150,000 copies.

Volume Three is just off the press and contains more of these highly spiritual episodes in the lives of the Masters. The first edition of Volume Three was 10,000 copies (August 1, 1935) and was sold out within a few days after publication.

Prices of the books: Paper binding $1.50 each
Cloth binding $2.00 each
(add 15c per copy for postage)

この国で何十万人もの人々がスポールディング氏の作品を読み、大きな影響を受けていますが、彼と直接会い、話を聞いたことのある人はほんの一部に過ぎません。スポールディング氏は次のような質問に答えてくれます。「マスターの業とは何か？」「マスターの力はどうしたら得られるのか？」「マスターとは誰か？」「どこに住んでいるのか？」。彼はどんな質問にも満足のいく答えをし、あなたを驚かせるでしょう。

Portion of the India Tour group, Oct. 4, 1935, immediately before embarkation from San Francisco on the S.S. President Hoover. Baird Spalding is the sixth figure from the right, Douglas DeVorss, the fifth from left.

インド調査団の人々。1935年10月４日、サンフランシスコから豪華客船「プレジデント・フーバー号」に乗る直前の写真。ベアード・スポールディング氏は右から６番目。ダグラス・デヴォース氏は左から５番目。

プレジデント・フーバー号のプール

THE LIFE OF THE MASTERS OF THE FAR EAST

WRITING ROOM
(Special Class)
S. S. PRESIDENT HOOVER
Super Express

プレジデント・フーバー号のライティングルーム（スペシャルクラス）

プレジデント・フーバー号のライティングルーム

THE LIFE OF THE MASTERS OF THE FAR EAST

SMOKING ROOM
S. S. PRESIDENT HOOVER
Super Express

喫煙室

SUITE MODERNE
S. S. PRESIDENT HOOVER
Super Express

スイートルーム

DOLLAR STEAMSHIP LINES

ROUND THE WORLD
ORIENT AND PACIFIC

Dear Mr. DeVorss -
Everything OK by us -
hope its same by You -
Hot & Hurried in Manila;
Have made some
wonderfull contacts -
every thing seems to be
just right - all in Divine
Order.

The daily meetings are
Wonderfull! The Secretary
is good but you don't
get near all of it in
these reports - especiall the
Spirit of it;

拝啓　デヴォース様。万事準備が整っております。そちらも同じであることを願っています。素晴らしいコンタクト――すべてがうまくいっているようです。

Grace is doing fine - Her splints come off tomorrow - Results perfect. Dr. Hand is snapping out of it, at last, and all the rest are up & at the table 3X daily.

8 of us go directly to Calcutta, the others go to Bombay & the longer way round - sight seeing -

Guess that is about all the news for this time -

God bless you in the great work - sincerely

J. Balsley

Please phone Mrs. B. everything is O.K.

毎日のミーティングは素晴らしいです。インド調査旅行通信員ジョン・A・パルスリーからダグラス・デヴォースへの手紙。日付はありませんが、消印によると1935年11月21日ロサンゼルスで受け取ったもの。

Comments about Mr. Spalding's Lectures

"I have never heard a more practical, living, simple explanation of the basic principles — God — than that given by Mr. Spalding in his lectures. You feel and know that daily living is easily perfect by reason of the perfection of the Christ within you. Anyone hearing Mr. Spalding will realize the simplicity of life as he himself exemplifies it in his ease of expression of many vital truths spoken through him when he is on the platform." — E. E. P., Los Angeles

スポールディング氏の講演についての感想。「私は今まで、基本的原理――『神』――について、スポールディング氏が講演でなさったほど実践的で、生き生きとしている、シンプルな説明を聞いたことがありません。日々の暮らしは、自分の中にいるキリストの完璧さゆえ、確かに完全なのだと感じ、知ることができます。スポールディング氏の話を聞けば誰でも、人生がシンプルなものであることがわかるでしょう。氏、自らが壇上で、多くの重大な真実を実際の体験をもとに語りながら、そう示されるように」―― E.E.P. ロサンゼルス

THE LIFE OF THE MASTERS OF THE FAR EAST

BRITISH INDIA STEAM NAVIGATION Co. LTD.

S.S.

Nov. 7 – 35

Mr. Douglas DeVorss.
Trinity Bldg.
Grand Ave. & 9 St.
Los Angeles Calif.

Dear Mr. DeVorss.

We are on this boat nearing Rangoon and only about two days from Calcutta and the end of our boat journey.

This has been a most enjoyable trip more particularly as we have not had a storm during

ベアード・スポールディング氏からダグラス・デヴォース氏への「カルカッタからの２日間」を知らせる手紙。日付は1935年11月７日。

the whole time from the day we left San Francisco.

At Rangoon we will have mailed you sixteen lessons, and will resume them as soon as possible after reaching Calcutta.

We will probably be located in Calcutta for some time, as we will attempt to establish head-quarters there. You will hear from us often after this.

Regards to all

Baird T. Spalding

『カルカッタ　ヴィクトリア・メモリアル』ベアード・スポールディング氏のガイドブックより。

The First Impression

Photograph by Bourne & Shepherd, Calcutta.

カルカッタの概観

Photograph by Johnston & Hoffmann, Calcutta.

ジャイナ教寺院

HOWRAH STATION.

Photograph by Bourne & Shepherd, Calcutta.

ハウラー駅

TEACHING OF THE MASTERS OF THE FAR EAST

S.S. PRESIDENT HOOVER
DOLLAR STEAMSHIP LINES

Dec 1st 1935

Dear Douglas DeVorss—

Thanks a lot for the first monthly remittance—it was a life saver.

No word of any kind from you since Oct 4th—except through Mrs. Balsley. How come?

Send us a letter—soon—full of news—from Home sweet Home. Did you get the lessons? 16 of them? We sent them, typewritten. All OK.

バルスリー博士からダグラス・デヴォース氏への1935年12月１日付けの手紙。２ページ目では、カルカッタ大学の人々や、DeVorss & Co. の12月26日の宣伝記事に登場する著名な人々とスポールディング氏の再会について熱く語っている。

FLASH! FLASH! FLASH!

TO FRIENDS AND STUDENTS OF THE BAIRD T. SPALDING INDIA TOUR LESSONS - - -

We have just received from Dr. John A. Balsley, eminent physician of Los Angeles and a member of the Spalding Round the World Tour, a Special Delivery Air Mail letter from Calcutta, India, and we are pleased to quote extracts from this letter for your information.

December 2, 1935

"Baird T. Spalding is now carrying on with his research work in Calcutta University. We have met some of his former teachers, Professors Ghose, Physics Department, Jessie Bose, Nag, Roy, Das, etc., of Transcendental Physics, Physiology, Chemistry, Metaphysics and Philosophy, all of the Science College. We sat in the seat he used to occupy along side of Eddington, under the great Lotus, which gives one a very strange and beautiful experience--a feeling of wonder because of the marvelous acoustics--almost a whispering gallery. Yet it has never been reproduced even by the best architects with copied measurements. There is something there that cannot be reproduced. ~~Bose and~~ Ghose and Roy and Das are wonderful! So is Nag.

They have something over here that is the real thing. They know the Great Law! The Law by which cause becomes effect, and vice versa. Will send you more later."

(Signed) John A. Balsley

Now that these reports are beginning to reach us direct from India, we hope to have even more startling experiences to relate.

DeVORSS & CO.
843 S. Grand,
Los Angeles

December 26, 1935

ベアード・T・スポールディング
『INDIA TOUR LESSONS』の愛読者、学習者へ――

ロサンゼルスの著名な医師であり、「The Spalding Round World Tour」のメンバーであるジョン・A・バルスリー博士より、インドカルカッタからの「速達航空郵便」が届きました。その手紙からの抜粋をみなさんにご紹介しましょう。

1935年12月2日

ベアード・T・スポールディングは今、カルカッタ大学で調査を行っています。彼の恩師に会いました。物理学部のゴーセ教授、またジェシー・ボース、ナグ、ロイ、ダスなど、超越物理学、生理学、化学、形而上学、哲学など、あらゆるサイエンス・カレッジに所属する人々です。
私たちは彼がかつてエディングトンと並んで座っていたという席に座りました、大きなロータスの下で。何とも不思議で美しい経験でした――音響がもたらす驚異の感情――その音はまるでささやいているギャラリーのよう。けれども、それは再現されたことがありません、たとえ最高の建築家が正確にコピーしたとしても。再現できないもの、というのが存在します。ボースとゴーセとロイとダスは素晴らしい！　もちろんナグも。

彼らは何か本当のものを持っています。彼らは「偉大な法則」を知っているのです！　その原因となる法則が結果になり、また結果が法則にもなるのです。後日、さらにお知らせします。

（サイン）　ジョン・A・バルスリー

こうしたレポートがインドから直接届くようになったので、きっとこの先、もっと驚くような体験談が届くことでしょう。

DeVORSS & CO.
ロサンゼルス S.グランド通り843

1935年12月26日

THE LIFE OF THE MASTERS OF THE FAR EAST

The Purpose and Nature of the INDIA TOUR LESSONS

By Baird T. Spalding*

The purpose of these Lessons is to emphasize the application of the Christ teaching and principle in human life. The course of Lessons will take in the full scope of the vision of the Masters.

Wherever there is a flare of general interest in any personality or his achievement there is a flame of spiritual truth accompanying it. No other person in modern times has created such a flare of general interest as has Baird T. Spalding. No other has seemed to sense the flame of spiritual inspiration now sweeping the world, as has he. The nature of the man, the manner in which his message has been presented and the message, all bear living testimony to the vitality of his message. No one can afford to overlook the tremendous opportunity afforded by this new presentation of an age-old message. Every age demands its own revelations of Truth. Though Truth is the same in all ages, yet as it is reborn in each age it comes with the flame of inspiration and is received with a corresponding flame of enthusiasm springing from hearts ready to be born into full realization of the glory that awaits them; the new revelation is but the atmosphere into which they are born again. Why wait for rebirth in another life when the birth into true existence is the tangible possibility awaiting each individual in this very day?

These Lessons of Mr. Spalding's are deep and vital yet grandly simple, speaking the language of the soul of all men. They voice what every man longs to voice and express in his own life. "You can overlook it for eternity if you want to," says Mr. Spalding. "still, the moment you return to it you yourself will return to perfect condition and this human body gets the result of that determination." He further says, "It only takes one Master Mind to create peace, but there are millions today thinking along that line." It is impossible to forecast the far reaching effect that sincere groups of people working along together may have upon determining the progress of the present generation. It is time that we go to work in earnest, dig deep into the true facts of life and with like determination live those facts collectively and individually. It is our sacred duty to ourselves and our civilization to "have a mind to work." Ours is a sacred privilege to take our places in the Divine Scheme of things, lay hard hold this truly Christ message and work the works of Him who sent us into being.

『The India Tour Lessons』はのちに『ヒマラヤ聖者への道』の第４巻になりました。

ベアード・T・スポールディングによる『INDIA TOUR LESSONS』の目的と本質

このレッスンの目的はキリストの教えと原理の、人間の人生への適用を強めることです。一連のレッスンはマスターのビジョンの全範囲内で行います。

ある人のパーソナリティや実績に対して、熱狂的な関心が広く存在する場合、まさにそこにはスピリチュアルな真理の炎が燃えているものです。現代において、ベアード・T・スポールディングほど広く人々の関心を呼んだ人はいません。

スピリチュアルなインスピレーションが熱く世界に広まるのを、彼ほど感じた人はいないでしょう。彼の人間性、そのメッセージに表れている態度、そしてメッセージそのもの、これらすべてがメッセージの存続力を鮮やかに証明しています。古くからあるメッセージが、新たに明らかにされることによって生まれる素晴らしい機会を見逃すべきではありません。あらゆる時代が「真理」の明示を求めます。時代によらず、真理はいつも同じですが、実は、それぞれの時代で再生しているのです。

再生はインスピレーションの炎によって起こり、同じく炎のような、人々から湧き起こる熱狂によって受け止められます。彼らを待ち受ける栄光の、完全な実現に向けて生まれる用意ができているのです。まさに今、真の存在へと生まれ変わることが、誰にとっても実現可能であるとき、なぜ新たな生命への生まれ変わりを待つのでしょう?

これらのスポールディング氏のレッスンは、深く、重要なものでありながら、極めてシンプルで、すべての人の心に訴えかける言葉で語られます。その言葉は、誰もが人生の中で話し、表現したいと願っていることです。

「もし、あなたがそうしたいのなら、永久に見過ごしてもかまいません」とスポールディング氏は言います。「それでも、あなたが戻るとすぐに、つまりあなた自身が完全な状態に戻るつもりならば、人間の体はその決意の成果を得るのです」。さらにこう言います。

「平和をもたらすには1つの『マスターの心』しか必要ありませんが、今日、そのように考えている人が実に大勢います」。今の世代の進歩を決定する上で、ともに活動する誠実な集団が持ち得る影響力は測り知れません。今こそ、人生の真実を深く知るために、本気で取り組むべきときであり、その決意によって、こうした真実が人々全体の間で、また個人の中で生きていきます。

自分の役割を「神の計画」に沿うものにすることは私たちの神聖な特権であり、それはキリストの真のメッセージをしっかりと受け止め、私たちをもたらした神の業を実践することにあるのです。

THE LIFE OF THE MASTERS OF THE FAR EAST

Under Personal Management of
Mr. Douglas K. DeVorss

BAIRD T. SPALDING

World Traveler, Scientist and Author,

LIFE AND TEACHING OF THE MASTERS OF THE FAR EAST

(Volumes 1, 2, 3 & 4)

Will make the following public appearances to meet you personally, autograph his latest book, VOLUME FOUR, and answer your questions regarding the Masters . . . . .

Tuesday evening at 8 P.M. - September 18, 1951

Wednesday evening at 8 P.M. - September 19, 1951

Thursday evening at 8 P.M. - September 20, 1951

WOMAN'S CLUB AUDITORIUM

Sierra at Seville, FONTANA, CALIFORNIA

(*One-half mile south of Highway 66 on Sierra Avenue*)

(*Fontana is 48 miles east of Los Angeles*)

COME EARLY

You and your friends are cordially invited to attend.

(Free Will Offering)

ベアード・T・スポールディング　世界旅行者、科学者、作家。『LIFE AND TEACHING OF THE MASTERS OF THE FAR EAST』（1～4巻）

THE LIFE OF THE MASTERS OF THE FAR EAST

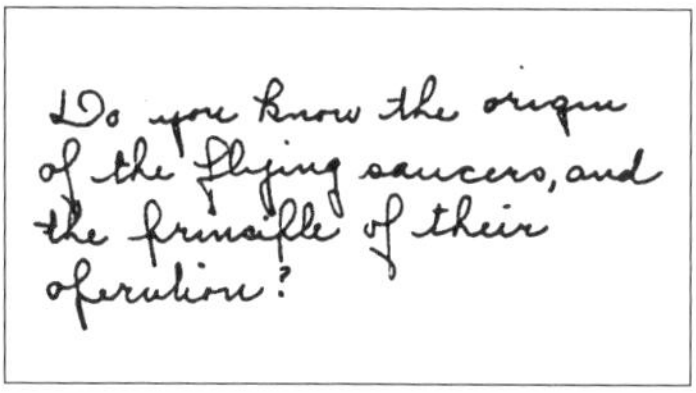
Do you know the origin of the flying saucers, and the principle of their operation?

UFOの起源、（途中判読不明）を知っていますか？

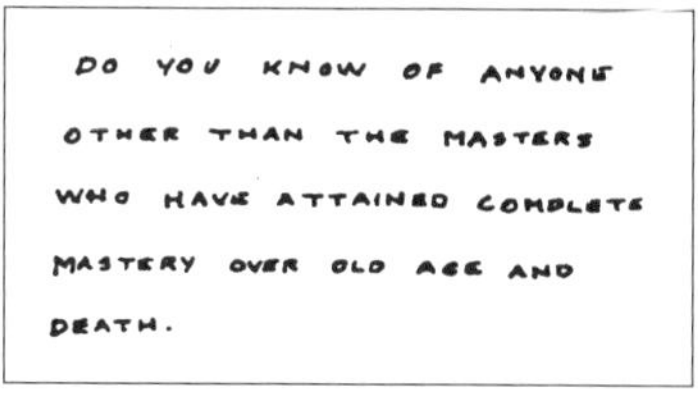
DO YOU KNOW OF ANYONE OTHER THAN THE MASTERS WHO HAVE ATTAINED COMPLETE MASTERY OVER OLD AGE AND DEATH.

マスター以外に、老いや死を超えた完全な支配力を手に入れた人を知っていますか。

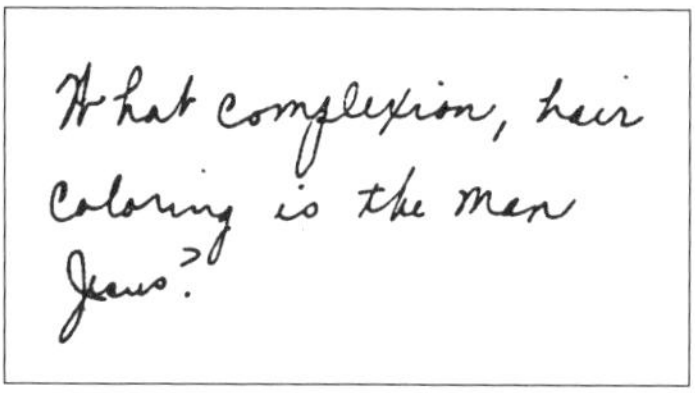
What complexion, hair coloring is the man Jesus?

人間イエスの肌と髪は何色ですか？

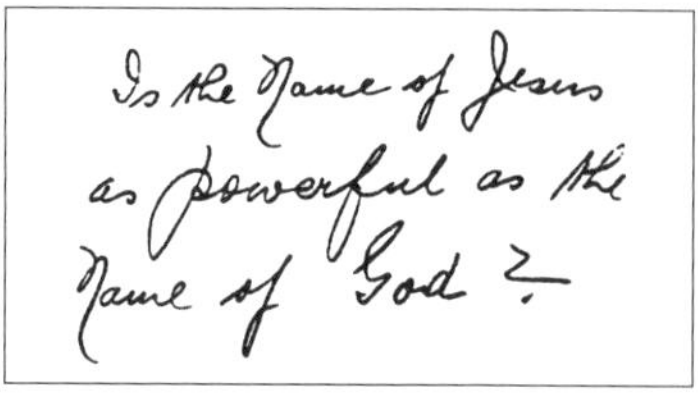
Is the Name of Jesus as powerful as the Name of God?

イエスの名は神の名と同じくらい強い力を持っているのですか？

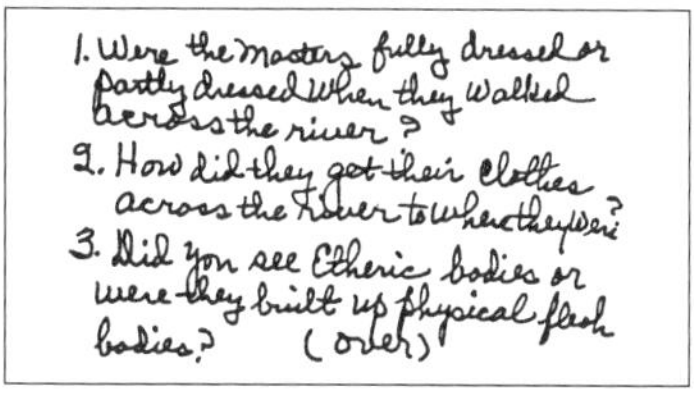
1. Were the Masters fully dressed or partly dressed when they walked across the river?
2. How did they get their clothes across the river to where they were?
3. Did you see Etheric bodies or were they built up physical flesh bodies? (over)

1．マスターが川を渡るとき服をすべて着ているのですか、それとも一部だけ？
2．その際、マスターはどのようにして川の向こうに服を運ぶのですか？
3．あなたが見たのはこの世のものでない体ですか、それとも普通の肉体ですか？

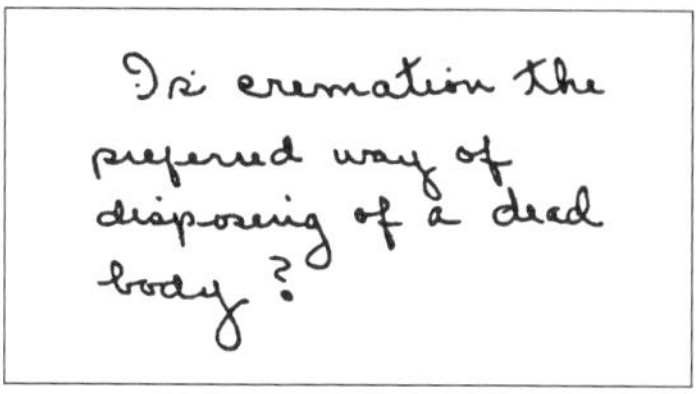
Is cremation the preferred way of disposing of a dead body?

遺体の処理として、火葬はよりよい方法ですか？

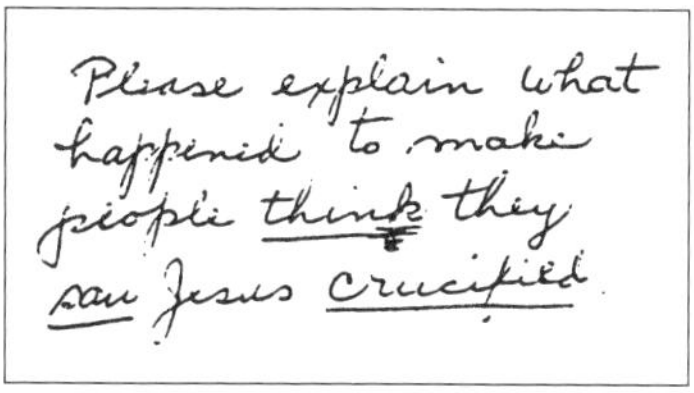
Please explain what happened to make people think they saw Jesus crucified.

十字架にはりつけにされたイエスを見たと人々が思うとき、何が起きたのか教えてください。

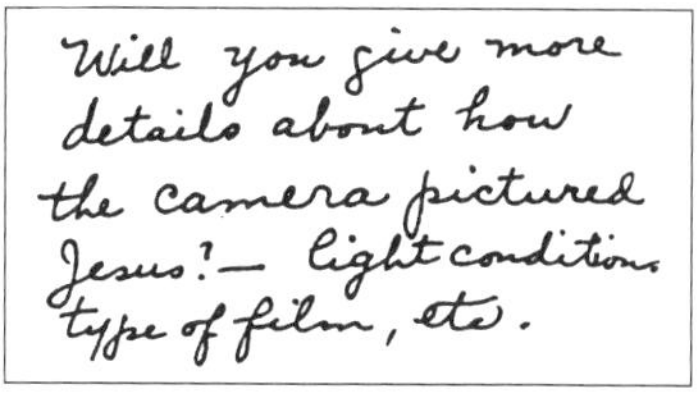
Will you give more details about how the camera pictured Jesus? — light conditions type of film, etc.

イエスの写真がどうやって撮られたかについてもっとくわしく教えてくれませんか？

フォンタナで行われた講演の後、スポールディング氏に寄せられた手書きの質問。

Doctor, The Rt. Honorable COUNTESS OF MAYO F.R.G.S.
President
Truth in Action · Edinburgh, Scotland
Phychological Research Society · Manchester, England
Council of Truth Centers · Manchester, England
Former Group President
International New Thought Alliance · United Kingdom
Lectures
Edinburgh · · · San Francisco
Saturdays and Sundays, 8 p. m. · Thursdays 8 p. m
Inner Silent Union Healing
Thursdays 8 p. m. · · Mondays 2 and 8 p. m.
Free Consultations after Lectures for 1 Hour
Private by appointment

140 PRINCES STREET
EDINBURGH SCOTLAND
TELEPHONES 30438-56165
AND
SAN FRANCISCO 17. CALIFORNIA
U. S. A.
TELEPHONE UN. 1-4983

Cordova Hotel. Post Street,
March 6th O.R.3.4321
Ex. 301.

My dear Mr Spalding,

If you could only know what your books have done for me and many of my friends, to whom I have recoommended your books, you would indeed reply "My dear" also as I address you! They have given me so much to which to strive to attain, and stimulated me to wonderful heights.

I have been trying to find you in the phone book, Library and even through the County Council tax office'! I should so very much like to meet you.

I enclose a little experience of my trip of getting here, and perhaps when you have read it you will see that I am very genuine and will make an appointment with me. I have to send this to your publishea of your 4th book, which I am delighted you see that you are continuing in your writing.

I AM giving you Countless Blessings,

Noël Mayo

I was on the air this AM such fun.

我が親愛なるスポールディング様
「あなたの本が私や、私が本を薦めた友人たちに与えた影響を、知ってくださったなら、きっと私があなたに宛てた『我が親愛なる』という言葉を、きっと私たちにも返してくださるでしょう。あなたの本は、「ぜひ獲得したいと願うものをたくさん私に与えてくれ」この上ない喜びを感じさせてくれます。

私は電話帳や図書館、さらには群政評議会の税務局まで頼って、あなたの名前を探し続けています。あなたにどうしてもお会いしたいのです」

スポールディング氏は熱心な読者から数え切れないほどの手紙を受け取りましたが、これは伯爵夫人からのもの。日付は1953年３月６日となっています。

THE LIFE OF THE MASTERS OF THE FAR EAST

Truth or Conseque
New Mexico
March 14--1953.

Dear Dug:

I came here to get rid of a bad cold and expected to leave for Los Angeles Monday. This morning I had a letter from Reno making me an offer on a property I have there. Now I will go to Reno and try and despose of the proprty which will take me a week.

Will ask that you send my check when the time comes to Reno in cair of Allen Weyl 1254 Patrick Avenue Reno Nevada.

Sincerely

B. T. Spalding

親愛なるダグ

悪い風邪を治すためここにきました。月曜日にロサンゼルスに向かう予定。今朝、リノから、私が所有する土地について提案する手紙を受け取りました。これから、リノに行き、その土地の売却をすませてくるつもりです。1週間くらいかかるでしょう。

リノに着いたら、小切手を、ネヴァダ州リノ パトリック通り、1254 Allen Weyl の cair まで送ってください。

敬具
B・T・スポールディング

ベアード・スポールディング氏が亡くなる4日前、ダグラス・デヴォース氏に宛てた手紙。これが最後の連絡となりました。

LA Author, 97 Dies In Tempe Auto Court

TEMPE, March 19—Baird T. Spaulding, 97, Los Angeles, Calif., was found dead in his room yesterday at an auto court, 1820 Apache Boulevard. Efforts of Fire Chief Carl Spain to revive him with a resuscitator were futile.

RAYMOND Kalish, operator of the court, who discovered the body, said an unvented gas heater was burning in the room. Kalish said a window in the room was partly open and a resident of the court said she had seen Mr. Spaulding go to his truck and return to his room about 10 a.m.

Mr. Spaulding, world traveler, lecturer, and author, had checked into the court about midnight Tuesday. His primary vocation was that of mining engineer. After conferring with a local physician, Justice of the Peace Ralph Fowler said there would be no inquest.

AMONG HIS BOOKS is "Teachings of the Masters of the Far East," which has been translated into several languages. He had owned extensive property in Taluroosa, N. M.

Friends in Phoenix include City Magistrate C. W. Pensinger. There are no known local survivors.

Funeral services and burial are pending at Carr Mortuary.

From the *Phoenix Gazette* of March 19, 1953. Spalding's name was misspelled and his age overstated by two years.

『Phoenix Gazette』紙、1953年3月19日の記事。スポールディングの名前の綴りにミスがあり、年齢が2歳多く記されている。

Ｌ・Ａの97歳の作家死去

テンペ、３月19日――昨日、ベアード・Ｔ・スポールディング氏（97歳、カリフォルニア州ロサンゼルス）がモテル（Apache Boulevard 1820）の部屋で亡くなっているのが発見された。消防署長、カール・スペイン氏が蘇生処置をほどこしたが、だめだった。

第一発見者であるモテル経営者、レイモンド・カリシュ氏によると、部屋では、通気口のない（？）ガスヒーターがついていたという。また部屋の窓は一部開いており、宿泊客の女性は、スポールディング氏が自分のトラックに行き、午前10時頃部屋に戻るのを見たという。

世界旅行者、講演者、作家であるスポールディング氏は、火曜の深夜からモテルに泊まっていた。彼は主に採鉱技師として活動。地元の医師との相談により、治安判事のラルフ・フォウラー氏は検死を行わないという。

氏の著書には『Teachings of the Masters of the Far East』があり、さまざまな国で翻訳されている。Taluroosa　N. M に広大な土地を所有していた。

フェニックスに住む氏の友人には、市の行政官Ｃ・Ｗ・ペンシンガーがいる。地元には遺族として知られる人は誰もいない。

追悼会と埋葬が「カー・モーチュアリー」で行われる予定。

スポールディングが息を引き取った、アリゾナ州テンペ　Apache Blvd 1820番地のモテルの部屋。写っている人物はモテルの経営者レイモンド・カリシュ（写真上の左側）とスポールディングの友人デイヴィッド・ブルートン（写真上の右側）。

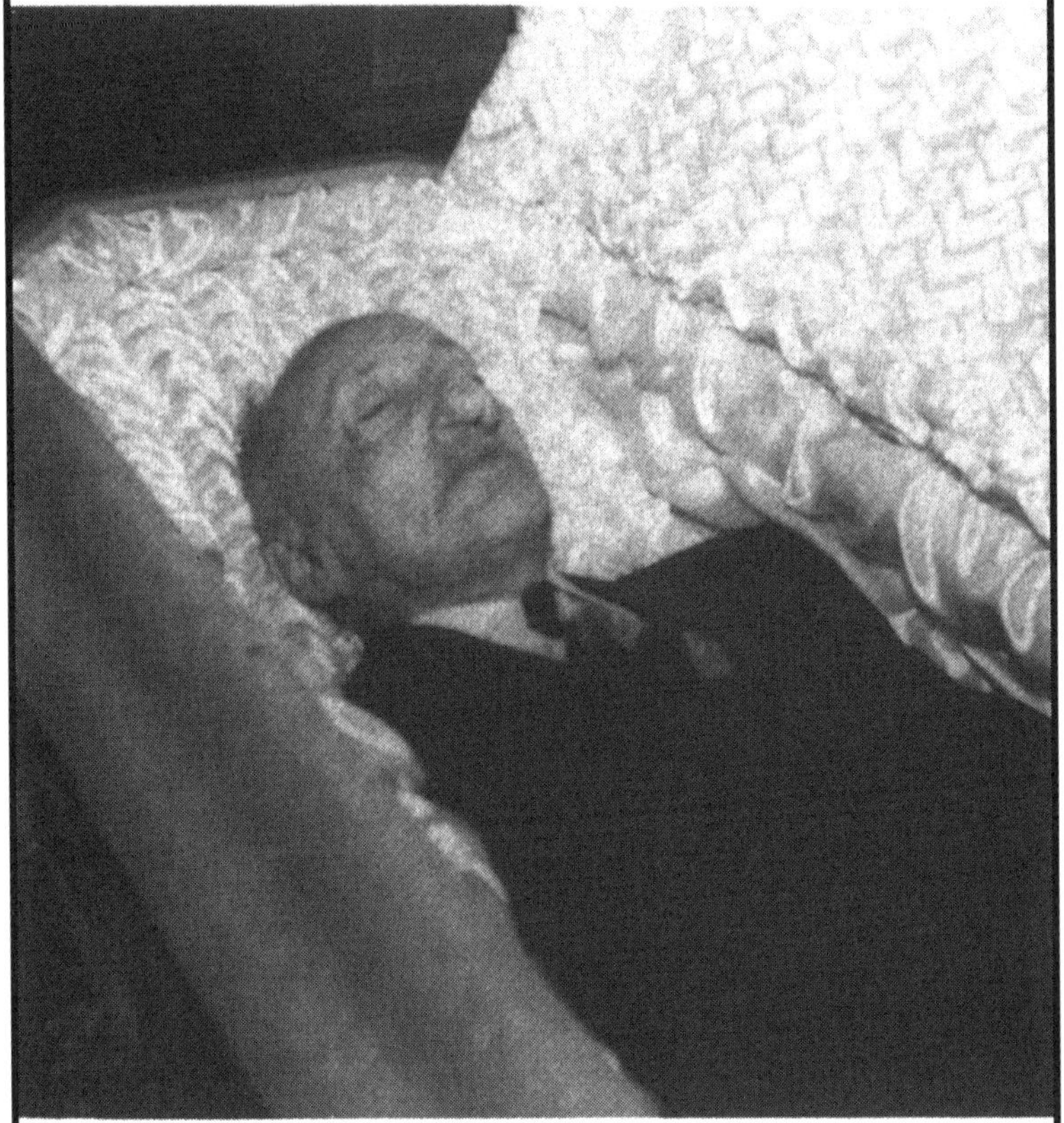

テンペの「カー・モーチュアリー・チャペル」での故人スポールディング氏との最後の対面。1953年３月18日のスポールディングの死は「おそらく心不全」によるものと考えられました。鼻の目立つ奇形は、一説によると、放射線による火傷のためだということです。

MAR 25 1953

Dear Doug:

I picked up the other paper from Mr. Ward at the Probate department in the Court House. Later, I went to the Health Department of the State of Arizona in an effort to get the death certificates you requested. However, I could not get them today but they will be mailed directly to you. It seems a few days must be allowed to "process" a death certificate. I stressed the urgency in this case and got a "Please Rush" attached. You should receive them around the first of next week.

Obtained Spalding's ashes at noon today. They were scattered in a beautiful desert setting in Papago Park. Had coffee with Judge Pensinger later in the afternoon. He was pleased with the final disposition of the ashes.

Called a W. C. ~~Filed~~ Field's office and showed the rest of the mining papers to his secretary. Several of them have Epitaph's name on them. Told the secretary to tell Fields she had seen the papers and to notify their client he could see them for a limited time at Judge Fowler's office.

Delivered these papers, maps and all things pertaining to the mining business in a neat little box to Judge Fowler and requested a receipt for same. I told him Mr. Beatson will send for them later.

Certainly, this winds up the Arizona affairs of the late Baird T. Heard a couple of new tales of his from Pensinger. There seems no end to them.

Will leave for Los Angeles in the morning (Wednesday) but may stay over in Desert Hot Springs tomorrow night. Will call you as soon as I arrive.

Sincerely,

Dave

DAVID BRUTON

March 24, 1953

4710 N. Central Ave.,
Phoenix, Arizona

親愛なるダグへ

遺言検認裁判所で、ウォード氏から他の書類を受け取りました。そのあとでアリゾナ州の保険局に行き、君が求めていた死亡証明書をもらおうとしました。が、すぐにはもらえず、君に直接郵送するとのこと。死亡証明書の「処理」には数日かかりそうです。すぐに必要なことを強調したら、「至急」の印が付けられました。来週の初め頃には届くと思います。

スポールディングの遺灰を今日の正午に受け取りました。遺灰は、パパゴ公園の美しい砂漠にまかれました。午後、ペンシンガー判事とコーヒーを飲んだのだが、遺灰が無事処理されたのを喜んでいました。

W・C・フィールドの事務所を訪ね、採鉱に関する書類の残りを秘書に見せました。その中には墓碑銘が書かれたものもありました。フィールドにその書類を見たことを伝えるよう、そしてその書類をファウラー判事の事務所で一定時間、閲覧できることをクライアントに知らせるよう、秘書に言いました。

地図、その他採鉱ビジネスに関連するあらゆる書類を、きちんとした小箱に入れてファウラー判事に送り、受取りを送ってほしいと伝えました。またその書類のために、ビートソン氏を後で行かせることも伝えました。

これで、故ベアード・Tのアリゾナの問題が片付くはずです。ペンシンガーから彼にまつわる新しい話を２つ聞きました。話は尽きないようです。

今朝（水曜）ロサンゼルスに向かうつもりですが、デザート・ホット・スプリングスで一晩泊まるかもしれません。ついたら電話します。

心をこめて　デイヴィッド・ブルートン

1953年３月24日
アリゾナ州フェニックス　北中央街4710

June 24, 1953

Mrs. W. Wunderly
940 Burke Road
Balwyn, Melbourne,
Victoria, Australia

Dear Mrs. Wunderly:

Your letter addressed to Mr. Baird T. Spalding has been opened by us. As you will see from the enclosed, Mr. Spalding passed on last March 18, at Tempe, Arizona.

Mr. DeVorss was appointed sole beneficiary and participated in the memorial services on March 22.

We are very happy to learn that you have derived so much benefit from the four volumes LIFE & TEACHING OF THE MASTERS OF THE FAR EAST, and were Mr. Spalding alive we feel sure he would answer your letter personally. Since he is no longer in physical embodiment, we feel sure by re-reading and studying his books, you will find the answer to your questions, as so many thousands of others have.

Mr. Spalding, in his numerous lectures, always said - "Man gives 90% of his time to negative thoughts and expressions and only 10% to constructive and positive thoughts and expressions." And again: "If we would only see every person as a Master right now, and not see the shortcomings of the individual."

Perhaps more than any other person we know, Mr. Spalding practiced the law of omnipresent supply, for no sooner was he in receipt of a sum of money, large or small, than he immediately turned it over to someone in need. He never kept anything for himself; he never thought of himself, but always of being the living Presence at all times. He actually lived in that higher consciousness as taught in his books.

We thank you for your expressions of love and gratitude to Mr. Spalding, and feel sure that with your continued study and application help and illumination and guidance will be yours.

Sincerely yours,
DEVORSS & CO.

AMW·s

DeVorss & Company はスポールディング氏の死後、彼宛てのファンレターに対してできるだけ多く返事を書くよう努めました。世界はなかなか彼の死を認めようとはしませんでしたが、こうした反応は、彼にふさわしい賛辞と言えるでしょう。

拝啓　Wunderly 様

ベアード・T・スポールディング氏宛てのあなたのお手紙を拝見しました。同封した記事からもわかるように、スポールディング氏は3月18日、アリゾナ州テンペにて、この世を去りました。

デヴォース氏は総受益者に任命され、3月22日、追悼会に参加しました。

我々はあなたが『ヒマラヤ聖者への道』全4巻から多くの利益を得られたことを知り、大変うれしく思います。そしてもしスポールディング氏が生きていたなら、きっとあなたに返事を差し上げたことでしょう。氏は肉体としてはもう存在しませんが、著書を繰り返し読まれ、学ばれることにより、あなたの質問への答えがきっと見つかると思います。これまで大勢の方がそうしてきたように。

スポールディング氏は数多くの講義の中で、いつも言っていました――人は自分の時間の90％以上をネガティブな考えや表現に費やし、建設的でポジティブな考えや表現に費やすのはわずか10％に過ぎない」と。また、「今すぐ、すべての人を『マスター』だと知りさえすれば、人それぞれの欠点は見えなくなる」と。

おそらく、我々が知るどんな人よりも、スポールディング氏は遍在する供給の法則を実践されていました、というのも、お金を受け取ると、それが多くても少なくても、すぐにそれを必要としている人に与えたからです。氏は自分のために何も持ち続けることはありませんでした。自分のことは考えず、あらゆる時代の生きている存在のことをいつも考えていました。実際、彼は著書の中でも示されていたように、より高い意識の中に生きていたのです。

あなたのスポールディング氏に対する愛情と感謝の言葉、本当にありがとうございました。そして、あなたがこれからも学び、実践を続ければ、必ず助けと啓示と導きが得られることでしょう。

著者：ベアード・スポールディング　Baird T. Spalding
1872年ニューヨークに生まれる。
1894年、科学者を含む11人の調査団とインド、チベットへ旅し、そこでヒマラヤ聖者たちの行う様々な超人的御業を目にする。この体験をまとめた記録は1924年に出版され、現在に至るも世界中で高い評価を受け続けている。日本では『ヒマラヤ聖者の生活探究』の題で親しまれている。
1953年、80歳で死去。

訳者：成瀬雅春　なるせ まさはる
ヨーガ行者、ヨーガ指導者。1976年からヨーガ指導を始め、1977年２月の初渡印以来、インドを中心にアジア圏を数十回訪れている。地上１メートルを超える空中浮揚やシャクティチャーラニー・ムドラー（クンダリニー覚醒技法）、心臓の鼓動を止める技法、ルンゴム（空中歩行）、系観瞑想法などを独学で体得。2001年、全インド密教協会からヨーギーラージ（ヨーガ行者の王）の称号を授与される。2011年６月、12年間のヒマラヤ修行を終える。成瀬ヨーガグループ主宰。倍音声明協会会長。日本速歩協会会長。朝日カルチャーセンター講師。主な著書に『ヒマラヤ聖者が伝授する《最高の死に方＆ヨーガ秘法》』（ヒカルランド）、『ヨーガ奥義書』『クンダリニーヨーガ』『ハタ・ヨーガ 完全版』『クンダリニー覚醒～すべての人に宿る 強大な精神パワー～』『速歩のススメ　空中歩行』（いずれもBABジャパン）、『インド瞑想の旅』（中央アート出版社）、『仕事力を10倍高める』シリーズ（PHP研究所）は韓国でも発刊、監修に『あるヨギの成功の黄金律』（フォレスト出版）など。

〔問い合わせ先〕
〒141-0022 東京都品川区東五反田 2-4-5 藤ビル５階
成瀬ヨーガグループ
E-mail　akasha@naruse-yoga.com
URL　https://naruse-yoga.com/

＊本作品は2014年４月、ヒカルランドより刊行された『［実践版］ヒマラヤ聖者への道 Ⅲ　6 完全なる調和と統合へ』の新装分冊版です。

新装分冊版［実践版］ヒマラヤ聖者への道6
完全なる調和と統合へ

第一刷　2024年6月30日

著者　ベアード・スポールディング
訳者　成瀬雅春

発行人　石井健資
発行所　株式会社ヒカルランド
〒162-0821 東京都新宿区津久戸町3-11 TH1ビル6F
電話 03-6265-0852　ファックス 03-6265-0853
http://www.hikaruland.co.jp　info@hikaruland.co.jp
振替　00180-8-496587

本文・カバー・製本　中央精版印刷株式会社
DTP　株式会社キャップス
編集担当　小澤祥子

ISBN978-4-86742-253-3

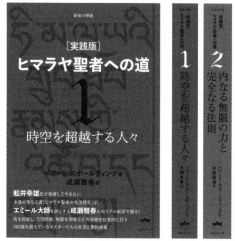

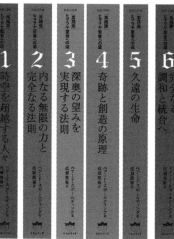

ヒカルランド　好評既刊！

地上の星☆ヒカルランド　銀河より届く愛と叡智の宅配便

[新装版] 時間と空間、物質を超える生き方
著者：成瀬雅春
四六ソフト　本体 1,700円+税

ヒマラヤ聖者が伝授する
《最高の死に方&ヨーガ秘法》
著者：成瀬雅春
四六仮フランス装　本体2,400円+税

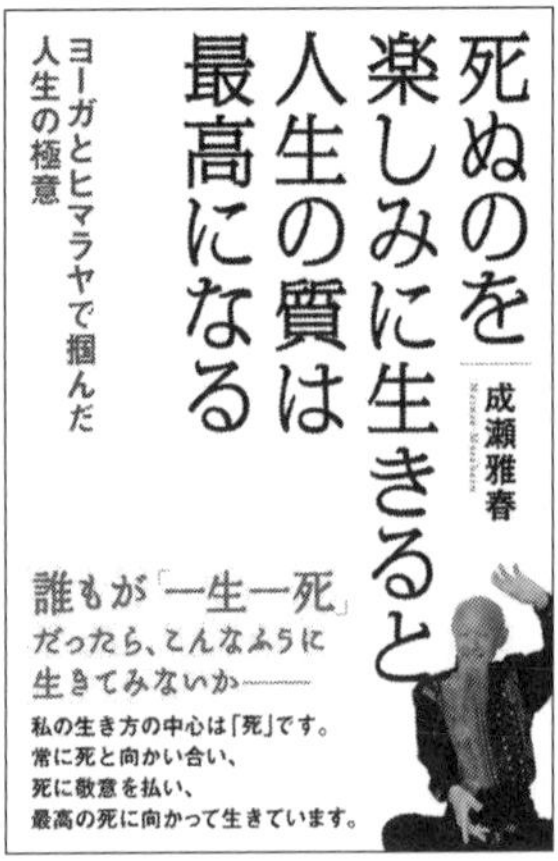

死ぬのを楽しみに生きると人生の質は最高になる
著者：成瀬雅春
四六ソフト　本体 1,620円+税